8つのステップ
常勝のワンチームを作る

林 敏之
元ラグビー日本代表キャプテン

白秋社

まえがき――二〇一九年と一九八九年のスコットランド戦を考える

二〇一九年一〇月一三日はラグビー日本代表が新しい歴史の扉を開いた日でした。神奈川県にある横浜国際総合競技場で行われたラグビーワールドカップのプールステージ最終戦で、日本代表はスコットランドを破り、悲願のワールドカップでの準々決勝進出を果たしたのです。

日本はここまで三連勝しており、ベスト8《エイト》の残り一枠を懸けての激突でした。この試合は前日に日本列島を襲った台風一九号の影響で、開催が当日の朝に決まりました。それでも日本ラグビーの歴史的瞬間を見届けようと、六万七六六六人が横浜国際総合競技場に詰めかけたのです。

試合では、過去八大会で七回決勝トーナメントに進出しているスコットランドが意地を見せたものの、二八対二一で日本が勝利し、予選プール戦四試合全勝、堂々の一位で悲願の準々決勝進出を果たしました。一方のスコットランドは、二〇一一年大会以来となる二度目の予選プール敗退となったのです。

この年から遡《さかのぼ》ること三〇年前、同じくスコットランドに対し日本代表は勝利を収めました。一九八九年二月、宿澤広朗《しゅくざわひろあき》監督・平尾誠二《ひらおせいじ》キャプテンの体制で発足した「宿澤ジャパン」によるものです。

監督の宿澤さんは、かつて七年半にわたって住友銀行（現・三井住友銀行）ロンドン支店に勤務していました。海外のラグビーに対する造詣《ぞうけい》が深く、就任当時は日本に戻って、本店の外為《がいため》ディーラーとして働いていました。

宿澤さんは当時三八歳。そんな青年監督がキャプテンに指名したのは二六歳の平尾でした。その平尾は、一九八九年一月の全国社会人大会で、キャプテンとして、私と共に神戸製鋼（現・コベルコ神戸スティーラーズ）の初優勝を決めたばかりでした。

一九八九年五月のスコットランド戦には私も招集され、三ヵ月という短い準備期間でしたが、二八対二四でスコットランドを破りました。イングランド、スコットランド、アイルランド、ウェールズ、フランス、ニュージーランド、オーストラリア、南アフリカのラグビー伝統国で構成されるIRFB常任理事国の一つから、金星をもぎ取ったのです。

スコットランドは翌一九九〇年のファイブネーションズ（イングランド、スコットラン

1989年の対スコットランド戦でボールを抱えて突進する著者

ド、アイルランド、ウェールズ、フランスの対抗戦）で全勝優勝を遂げるなど、当時は絶頂期にありました。しかし一九八九年の日本戦に際しては、同時期にイングランド、スコットランド、ウェールズ、アイルランドの各代表チームから四年に一度編成されるブリティッシュ&アイリッシュ・ライオンズが結成されており、オーストラリアへの遠征中だったこともあって、主力選手の一部は来日していませんでした。

ところで私が戦ったテストマッチ（国と国との公式戦）のうちで、このスコットランド戦がハイライトだと思われがちですが、実は違います。それより三年前の一九八六年にも、本物のスコットランドチームと、現地のマレーフィールドで戦っています。このときは、結果的に一八対三三で敗れはしたものの、地元の観客を驚かせる三連続トライもあり、いまでも誇りに思っています。

いずれにしろ、どんな状態のチームであったとしても、一九八九年にスコットランドに勝利したことは事実であり、ロッカールームを出てファンの嬉しそうな顔を見たときには、本当に感動しました。そして皆さんにサインをしていたら私だけが取り残されてしまい、宿澤さんが呼びに来たことも覚えています。

三〇年の時を経て、二〇一九年、日本は再びスコットランドに勝利するわけですが、一九八九年のチームは準備期間も短く、当時はプロ化もされていないアマチュア集団でした。外国人選手もシナリ・ラトゥとノフォムリ・タウモエフォラウだけ。アマチュア選手ばかりだったので、長期間の合宿などの強化策を採ることはできませんでした。だからこそメンバーには、総合力を評価するだけではなく一芸に秀《ひい》でた者も集められ、結果、スコットランドに勝利したのです。

一方で現在の日本代表はプロ化しており、強力な外国出身の選手を数多く揃え、長期合宿で徹底的な強化を図れます。しかし同時に、外国出身選手が多くを占めるチームをどのようにまとめていくか、長期合宿のあいだ高いモチベーションをいかに維持していくかな

日本代表の「桜のジャージ」と対戦した強豪国のジャージの前で
（東京都内・メディアマート株式会社にて）

ど、一九八九年とは別の課題があります。

スコットランドに勝つという結果は同じだったとしても、この二つのチームでは、構成メンバーもチーム強化のプロセスも、まったく異なっていました。また同じチームであっても、前週と今週とでは、まったく違うチームになっています。

つまりチームは、瞬間瞬間で、別の顔を持っているのです。

この本では常に別の顔を持つチームの特性を踏まえつつ、ラグビーを通じて得た私の経験をもとに、勝ち続けるチームを作る要諦《ようてい》を書いていこうと思います。

こうして形成された「常勝のワンチーム」は、企業でも社会でも強みを発揮するはずなので、世のビジネスパーソンや指導者の方々にも、ぜひお読みいただきたいと思っています。

林《はやし》　敏之《としゆき》

目次◉常勝のワンチームを作る8つのステップ

第1章

チームビルディング——メンバーの長所を生み出す技術

第2章

ロッカールーム

——集中する技術

第3章 キックオフ
――心に火を点ける技術

第4章 タックル

――恐怖心を取り除く技術

第5章 ハーフタイム
――チームと自分を再検証する技術

第6章
アタック
——攻勢に出る瞬間を見極める技術

第7章

サインプレー
――チーム全体の強みを探す技術

第8章

ファンクション

——ライバルと競い自分を磨く技術

常勝のワンチームを作る8つのステップ

第1章

チームビルディング

——メンバーの長所を生み出す技術

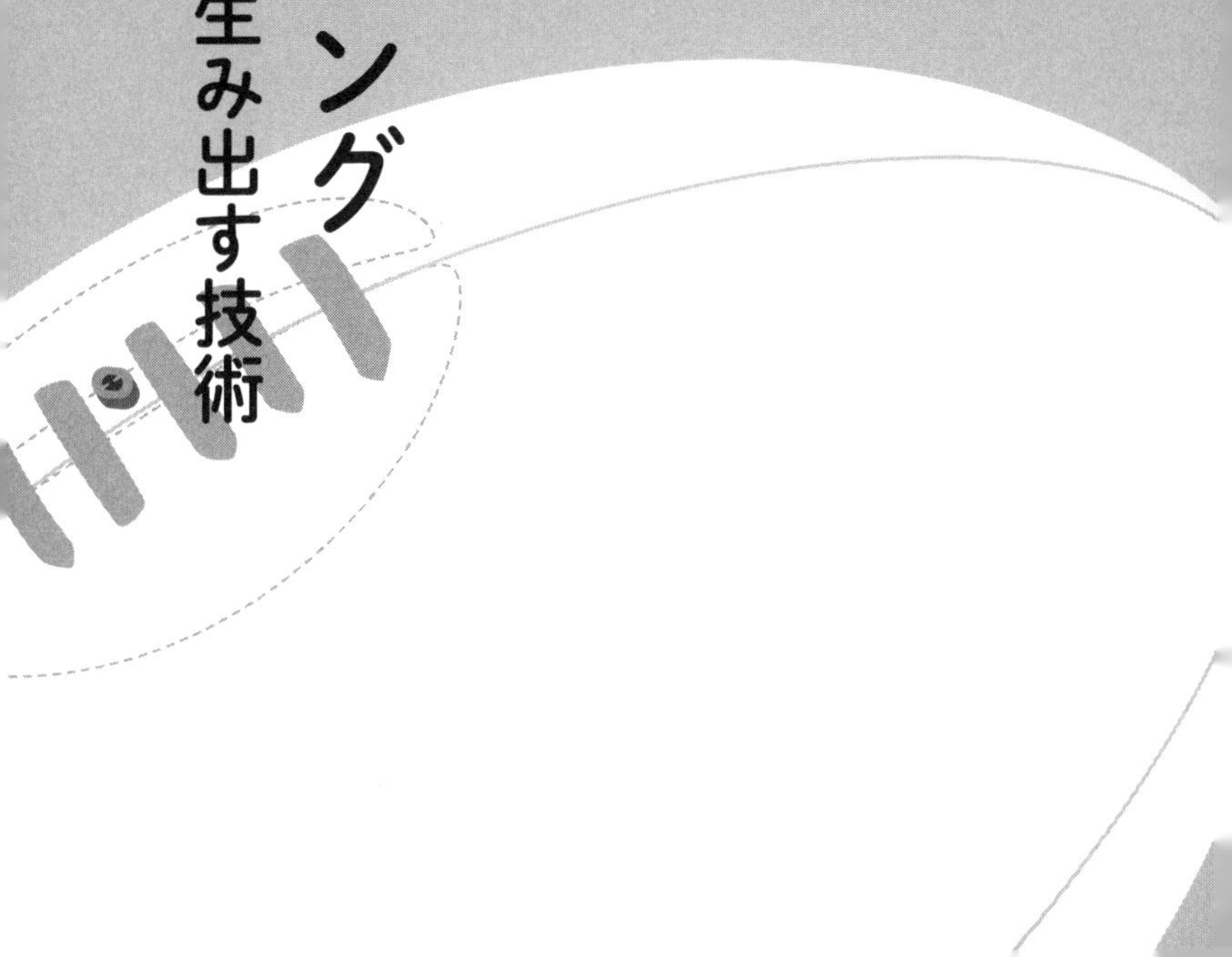

「憧れ」になろうとした日本代表

二〇一五年九月一九日、世界のラグビー史に残る出来事を日本代表が成し遂げました。覚えている人も多いと思いますが、イングランドで開催されたラグビーワールドカップにおいて、日本代表が、激闘の末、強豪の南アフリカを破ったのです。

これがどれほど凄いことか？　たとえばイギリスの大手ブックメーカーのウィリアムヒルは、日本の勝利に対するオッズを三四倍に設定し、南アフリカ勝利を一倍とするほど……すなわち南アフリカの勝利は絶対的といってもいいほどの試合だったのです。

その試合では、二九対三二の三点差で迎えた試合終了間際、南アフリカの反則で日本代表はペナルティキックを得ます。ラグビーでは相手が反則をした場合、攻撃側にいくつかの選択肢が与えられるのですが、三点がもらえるペナルティゴールを狙っても良い場面でした。三点を取れたら同点、そのまま試合終了となって引き分けても、帰国した彼らは、ヒーローと讃《たた》えられたことでしょう。

しかし、日本代表は同点で終わることを良しとはしませんでした。キャプテンのリーチ・マイケル選手はスクラムを選択し、五点がもらえるトライを取って逆転を狙いにいきました。ヘッドコーチのエディー・ジョーンズの「ペナルティゴールを狙って同点にしろ」との指示さえも無視したのです。

ラグビーは体と体がぶつかり合うスポーツです。このため、体が大きな選手を揃えたチームのほうが圧倒的に有利なスポーツであり、さらには強豪国のなかでも南アフリカは最もフィジカルに恵まれた選手が揃っているチームでした。メディアによっては南アフリカ代表チームを「巨象」と表現するほどでした。

しかし、この場面で日本代表はペナルティゴールを選択して同点を狙わず、あえてフォワード八人が力比べをするスクラムを選びました。そこからバックスに展開するなど、トライを狙っていったのです。

ラグビーでは指揮官の指示よりも現場の判断が優先されることがあります。このときの日本代表チームは一年間で一八〇日を超える合宿を行い、勝つための猛練習を繰り返してきたので、現場には「トライを取りきれる」という自信が満ちあふれていたのだと思います。

日本代表は、ワールドカップの対戦相手が南アフリカに決まってから、徹底したシミュレーションも行ってきました。「ビート・ザ・ボックス（南アフリカを倒せ）」を合言葉に、個々の選手の分析も詳細に行いました。また、日本の低いスクラムを理解してもらうため、南アフリカ戦で笛を吹くレフリーを、日本での合宿に呼び寄せました。そうして、本番の試合で思わぬ反則を取られないよう日本チームの戦い方を見せ、慣れてもらうほどの徹底ぶりでした。

もちろん、こうした猛練習と徹底した準備を重ねてきたからこそ、勝利する自信があったのだと思います。同時に、チーム全体が勝利の先にある目指すべき目的を決めて、共有していたことも大きかったと思います。

日本代表は合宿中、キャプテンのリーチ・マイケル選手のほか、堀江《ほりえ》翔太《しょうた》選手、廣瀬《ひろせ》俊朗《としあき》選手らによるリーダーミーティングを何回も行っていました。このリーダーミーティングでは、廣瀬選手が、「日本で憧《あこが》れてもらえる存在になろう、だから南アフリカ戦には勝とう」という目的を提案していました。

二〇一九年にはラグビーワールドカップを日本で開催することも決まっていました。ワールドカップをきっかけに、もっと多くの日本人にラグビーの魅力を知ってもらいたい。そのためには、日本代表が日本人にとっての憧れの存在となり、日本代表のラグビーを観

著者が主宰するNPO法人「ヒーローズ」の
ロゴを共に掲げるエディー・ジョーンズ氏

た子どもたちがラグビーを始めたくなるようなプレーをし、お父さんお母さんが子どもにラグビーをさせたくなるような振る舞いをしよう。だからこそ、強豪の南アフリカに勝つのだ、と。そんな、戦うための目的が生まれたのです。

廣瀬選手は二〇一二年に日本代表のキャプテンとなりましたが、二〇一五年のワールドカップ時には、エディーヘッドコーチから「スタメンを保証できない」といわれ、そうした理由からキャプテンを解任されていました。実際、二〇一五年のワールドカップでは試合で起用されることはありませんでした。

それでも、廣瀬選手は腐ることもなく、対戦相手の動きを徹底的に研究し、対戦相手のプレーを想定した練習の相手を買って出るなどして、チームに貢献します。日本代表が使ったロッカールームを試合後に掃除していた話も有名です。

勝利することだけがチームの目的であれば、試合に出ている一五人だけに大きな役割が与えられます。しかし、日本代表が「憧れ」としての存在になろうとした瞬間、試合に出ていないメンバーにも役割が与えられたのです。そして廣瀬選手は、自ら「憧れ」としての存在とはどういうことなのか、それを体現してみせたのです。

このときの日本代表は、すべてにおいて、チームの目的を優先させました。南アフリカ戦でペナルティゴールではなくスクラムを選択し、トライを取りにいった場面もそうでした。選手全員が「引き分けではなく、勝ちたい」という気持ちを抱き、ペナルティゴールではなくスクラムを選択するのですが、その底流には「日本代表として、憧れの存在になろう、だから勝とう」という確固たる決意があったのだと思います。

このように、勝利の先にある目的に対して確固たる決意があったからこそ、歴史的な逆転トライを実現できたのだと思います。

「本学」と「末学」の転倒とは

スポーツは勝利を目指すものです。相手に勝ちたいという意志がなければ、そもそもスポーツではありません。勝利を目指さず、ただ体を動かすのであれば、それはスポーツとはいえず、レクリエーションです。国語辞典を開けば、スポーツは「陸上競技・野球・テニス・水泳・ボートレースなどから登山・狩猟などにいたるまで、遊戯・競争・肉体的鍛練の要素を含む身体運動の総称」（『広辞苑』第六版）と記されています。遊戯だけでなく、そこに勝ち負けの伴う「競技性」が不可欠なのです。

しかし、最近では「競争」ばかりに目が向き、指導者による行きすぎた指導が問題となるケースも散見されます。こうした勝利だけを目指す指導ではない、本来のスポーツ指導とは何か？　勝利の先に何を目指すかを明確にして、きちんとゴールを設定することが大切なのです。

日本には「本末転倒」という言葉があります。これは、物事の根本的な部分とそうでない部分を逆にとらえたり、または取り違えたりすることを意味する言葉です。

このときの「本末」とは「本学」と「末学」という言葉でいい表されることがあります。「本学」とは人間性や倫理観のことを指し、「末学」とは知識や技術力を指します。すると、「末学」ばかりをやって人間性を高めない学びは「本末転倒」ということになるわけです。

スポーツでいえば、勝利は「末学」に当たります。勝利を目指した先に獲得できることこそ、「本学」に当たるのです。勝利だけを目指し、勝利の先にある目的をゴールとして設定しなければ、それは「本末転倒」。よって指導者の手腕は、勝利の先にあるゴールをどのように設定するかという点において発揮されるべきなのです。

一方で、最近では、このような「勝利至上主義」を是正《ぜせい》する動きも出てきています。た

「ラグビー寺子屋」での集合写真

だ、それも行きすぎており、「競争」そのものを否定するような風潮も出てきているような気がします。

　私はNPO法人「ヒーローズ」という組織を立ち上げて、小学生ラグビーの全国大会「ヒーローズカップ」を企画・運営しています。全国のラグビースクールに通う子どもたちを対象に、秋に地域ごとの予選を行い、冬に予選を勝ち抜いたチームが集まって、決勝大会を行います。

　また、このNPOの活動の一環として、全国で、そして時にはキルギスやウズベキスタンといった海外でも、「ラグビー寺子屋」を開催し、ラグビーを教えています。

　この「ヒーローズカップ」についても、日

本一を決めるという大会のあり方が「勝利至上主義」だという批判があります。しかし私たち運営側には、子どもたちに勝利だけを追求させるといった意図はまったくありません。

大切なのは、チームの指導者が子どもたちに対し、目指す勝利の先に何を得てもらうのか、その目的をきちんと説明し、そのうえでチームビルディングをすることだと思います。

われわれ運営側の役割は、指導者がゴールを設定するための「場」を作ることであり、この「場」をどう活用するかは、監督やコーチの指導力にかかってきます。

「ヒーローズカップ」に対してよくある批判は、「勝利を目指すだけの選抜チームができるので、そこから漏れると、試合にまったく出ることのできない子どもが生まれる」というものです。が、どのように戦うかは自由。実際、登録した選手を全員試合に出場させて勝ち上がってくるチームもあります。

指導者に問われるのは「どうやって勝たせるのか」ではなく、「負けたあとに何をつかませるか」にあるといってもいいでしょう。勝利を目指して戦い抜き、負けたあとに子どもたちに何を残してあげることができるか、それが指導者には問われている。これこそが、まさに指導力なのです。

負けを知らない勝者はいません。失敗を経験しない成功者もいません。負けから何を学び取ることができるかが重要なのです。そのためにも競争は不可欠。「ヒーローズカップ」は、そうしたことを経験する「場」なのです。

指導者や保護者が勝ちにこだわりすぎて、試合に出ることのできない子ども、出番の少ない子どもを置き去りにするようなことは、絶対にあってはなりません。すべての子どもたちが競争を超えたところに価値を見出《みいだ》すことができなければ、それこそが「本末転倒」となるのです。

ソニーの企業メッセージから分かること

このような「本末転倒」は、企業でも起こりえます。企業とは、商品やサービスを顧客に提供して売り上げを計上し、利益を上げることを目的とした組織体ということになります。利益を上げることができなければ、従業員に給料を支払うこともできませんし、法人税を納めることもできません。そんな企業はすぐに倒産してしまいます。

では、企業は利益を上げさえすれば良いのでしょうか。答えはＮＯです。自社が利益を得るためには、売り上げを増やすか、コストを減らすか、そのいずれかの方法しかありません。しかし、コストを下げるために安い原材料で製品を作り、それが不当に安い労働力で作られているなどしていたら、社会的な批判を浴びかねません。そうなれば、企業のイメージを大きく毀損《きそん》することにもなるのです。

企業にとっても、利益の先にある目的が大切です。利益を上げて企業活動を永続的なものにしつつ、世界に明確な貢献をする、そうしたことが求められているのです。

たとえば、ソニーのコーポレートサイトを開くと、「クリエイティビティとテクノロジーの力で、世界を感動で満たす」というメッセージが目に飛び込んできます。このメッセージこそが、ソニーが企業活動を通じて達成したい目的であり、社員が仕事をするモチベーションになっているのです。

もしもソニーが利益を追求するばかりで、利益の先で達成したい世界など存在しなかったとすれば、優秀な社員は会社を去ってしまうかもしれません。すると、結果的に素晴らしい製品を作ることができなくなり、企業としての魅力は大幅に低下するかもしれません。

企業にとって利益は「末学」であり、その先に作り上げる世界こそが「本学」なのだと思います。そして「本学」を追求することこそが、企業価値を高める唯一の方法なのだと確信しています。

勝利よりも大切な目的設定とマインドセット

ここで、スポーツであってもビジネスであっても、チームが目指すべき目的という「本学」を設定してメンバーに伝えるのは、リーダーの責務です。

「ゴール＝本学」なのですが、私は「目的」という意味で、この言葉を使います。そして、目的と目標は違います。目的はチームが目指し続ける方向性を示しますが、目標は目的に向かう過程にある、数値化できるものなのです。

二〇一五年のラグビーワールドカップの日本代表は、人々の「憧れの存在」になることを目的としました。ひたむきに目的に向かう姿は見る人に感動を与え、共感が生まれます。日本代表の姿が、まさにそれでした。彼らの頑張りがなければ、二〇一九年の日本大会の成功もなかったと思います。

一方で目的の設定を間違えると、チームの方向性が曖昧《あいまい》になり、悲劇を生み出すこともあります。

二〇一八年、大学アメリカンフットボール界において、とても不幸な事件が起きました。関東の強豪アメフト部のコーチが、関西のライバルチームの選手に対し、危険なタックルをするように指示したとされる事件です。

現役時代、私自身は「壊し屋」というニックネームで呼ばれてきました。相手選手を病院送りにしたなどと、周囲が勝手に付けてくれたあだ名ですが、私自身は、この呼び名を誇りに思っていました。しかし、ハードなプレーこそが信条でしたが、ダーティなプレーは決してしませんでした。

ダーティなプレーとは、モールやラックといったラグビーの密集戦において、レフリーの見えないところで相手チームの選手を殴ったり踏みつけたりするような行為です。私自身、密集のなかで殴られたり踏まれたりすることもありました。ただ、少々殴られたり踏みつけられたりしても、実はたいしたダメージにはなりません。

ラグビーで相手が一番嫌がるのは、真正面から鳩尾《みぞおち》にドスンと入るタックルです。このタックルを準備せずにまともに受けると、息が止まるかと思うような衝撃を感じます。しかし、これ自体はルールに則《のっと》ったプレーであり、反則にはなりません。私は鳩尾にドスンと入るタックルを心がけてきました。

相手を殴る、あるいは踏みつけるなどといった姑息《こそく》な手段を使っても、実際は、相手にダメージを与えることなどできない。そのことは身を以《もっ》て感じていました。愚直に真っすぐ、激しいタックルを行ったほうが相手にダメージを与えますし、「壊し屋」のニックネームは、そうしたプレーの積み重ねの結果、与えられたものだと思っています。

相手に最も嫌がられ、怖れられるプレイヤーでありたいと思えば、自然とルールを守った激しいタックルを繰り返すことになります。大学アメフト界の悪質タックル事件についていえば、「いったい、このチームの指導者たちは、選手たちに対して何を目的として呈示したのだろうか」と、疑問を持ちました。

大学スポーツは、プロや社会人とは異なり、その目的は教育に行き着くべきだと思っています。スポーツを通した人間形成こそが大学スポーツの使命ではないでしょうか。

この悪質タックル問題は、指導者が目的の設定を間違えたがために、大学スポーツのあるべき姿から大きく逸脱してしまった結果だと思います。指導者の目的の設定次第では、チームのあり方は、百八十度変わってくるのです。

勝つことを目的にするのか、人間教育を目的にするのか、目的の定め方一つで、チームメンバーのマインドセット（心構え）は、やはり百八十度変わります。指導者がアメフトというスポーツを通じた人間形成や人格教育を目的に設定していたのであれば、このときのような事件は決して起こらなかったはずです。

心のありようを目で見ることはできません。しかし、その見えないものを高めていくために、スポーツを通じた日々の鍛錬があります。ここで勝つことが目的になれば、日々の鍛錬は勝つためだけに行うものとなり、「勝つためであれば何をやっても良い」と考えるようになってしまう……これでは心の鍛錬などできるはずもありません。

人間として成長するため、自分自身が人生のヒーローになるため、スポーツを通じて心を鍛えるのです。そして、試合を通じて同じ競技を選んだもの同士が切磋琢磨《せっさたくま》し、勝利や敗北に心が揺さぶられ、試合でしか得られない価値を体験するのです。

感性は、心が揺さぶられて初めて育ちます。心が硬直化したままでは、感性は育ちません。私は感性を育むことこそが、スポーツ教育の目的ではないかとさえ思っています。そして競うべき相手のいる試合という「場」は、感性を育むための最高の舞台なのです。

勝つことも負けることも、どちらも貴重な体験です。負けるということの本質を知ることで結果的に勝者にもなれますし、失敗を経験することで初めて成功に近づくのです。すなわち、その試合を通じて得た経験をどのようにチームに落とし込むのか、選手に対してどのようなメッセージを送るのか、これがリーダーや指導者の腕の見せどころとなる点なのです。

いまオールブラックスに勝てなくても

チームビルディングの際には勝敗の先に目的を設定することが重要であることを説明してきましたが、まずは「チームとして勝ちたい」という気持ちを、選手それぞれが持たなければなりません。

その際に、「なぜ勝利を獲得したいのか」と自らに問いを立てることが、勝敗の先にある目的に近づいていくことにつながります。さらには「なぜ日本代表でラグビーをプレーするのか」「なぜ神戸製鋼でラグビーをするのか」などと、自分がそのチームに所属する意味まで自身に問いかけるべきです。

あなたが指導者やチームのリーダーであるならば、まずは自分自身が率先して、問いを立ててみましょう。指導者やリーダーが「なぜ」を突き詰めて、「勝負の先に何を得ようとしているのか」を示すことができなければ、チームのメンバーは、戦う意義を見出すことができません。

特にスポーツでは、場合によっては覆《くつがえ》しようのない実力差が相手チームとのあいだに存在することがあります。絶対に勝利することができない相手と戦わなければいけないとき、あなたが指導者やリーダーだったら、チームメンバーにどのような言葉をかけ、いかにマインドセットを行っていけば良いのでしょうか？

私には、覆しようのない実力差のあるチームと対戦する際にリーダーとなった経験があります。それは、日本代表キャプテンとして挑んだ一九八七年の第一回ラグビーワールドカップ後のことでした。

そのワールドカップが終わってから半年近くが経とうとしていた秋、優勝国であるニュージーランド代表オールブラックスが来日し、国と国との公式戦、すなわちテストマッチを行うことになりました。ワールドカップでの日本代表は、強豪のオーストラリアに対して善戦こそしましたが、予選の三戦を全敗で終え、グループリーグ敗退という結果に終わりました。そのため、あまりにも実力差があるオールブラックスとの対戦に対し、私は

第１回ラグビーワールドカップのチームメンバー
（著者は前列中央）

た。

「ミスマッチではないか」と感じたほどでし

しかも日本のラグビー選手は、現在のようにプロ化しておらず、アマチュア選手ばかりでした。そのため普段は、練習をしながら企業の社員としての仕事もしています。私自身、ワールドカップが終わって帰国してみると、大量の仕事が溜まっていました。その仕事を片付けながら、神戸製鋼ラグビー部ではキャプテンとして、社会人の全国大会に向けてチームメンバーを引っ張るなど、業務と練習に忙殺される日々を送っていた。ほかの代表メンバーも同じような境遇にありました。

ラグビーは体と体がぶつかり合うスポーツです。大ケガをすることもあれば、場合によ

って は死ぬこともある、まぎれもない「修羅場《しゅらば》」なのです。どんなに実力差のある相手であっても、こちらの準備ができていなくても、そんなことは言い訳に過ぎない。試合が決まれば、仲間と共に修羅場に乗り込むわけですから、チームのリーダーは、どんな状況下でも、メンバーの気持ちを鼓舞《こぶ》して戦う状態にまで持っていかなければなりません。

このオールブラックス戦では、ワールドカップに引き続き、私がキャプテンを務めました。いつもはロッカールームから感情を爆発させ、仲間に対して「勝つぞ」と鼓舞する私です。しかし、この試合だけは、チームメンバーに対して「勝つぞ」とはいえませんでした。その言葉を口から放った瞬間、あまりの実力差や準備の差があるため、「勝てるわけがないだろう」と、皆がしらけてしまう恐れがあったからです。

そこで私は、この試合を戦う意味、いま日本代表に選ばれた意味を自らに問い続け、メンバーには、こう伝えました。

「いまの俺たちでは、オールブラックスには勝てないかもしれない。しかし、いつの日か俺たちの弟や子どもたちが、このチームを破るときがきっとやって来る。俺たちは、その日につながるプレーをしよう！」

私たちは死に物狂いで戦いました。必死にタックルに行きました。しかし、実力差を埋めることはできず、オールブラックスに勝つことはできませんでした。

ただ「将来世代のために戦う」という思いで、粉骨砕身《ふんこつさいしん》、オールブラックスにぶつかることはできました。現在、私が小学生ラグビーの全国大会を運営しているのも、この試合で感じた「いつの日かオールブラックスに勝つ世代を育てたい」という思いがあったからこそなのです。

「ミッション」「ビジョン」の重要性

「なぜ」という問いを立てて、自問自答をすることは、ビジネスでも大切です。「この商品を売る」という目標に対して、「なぜこの商品を売るのか」と、自分自身に問いかけるのです。その商品を売ることで、買った顧客の何に貢献することができるのか、生活をどう変えるのか、そしてそのことで社会をどう変化させるのか……。

組織全体で、この「なぜ」を積み重ねていくと、それがその会社が果たすべきミッションにつながります。

最近、ビジネスの世界でも、「ミッション」や「ビジョン」を掲げている会社はたくさんあります。売り上げを伸ばす中期的な目標が「ビジョン」だとすれば、売り上げを伸ばした先に「企業として、どんな世界を作り上げたいのか」が「ミッション」に当たります。

売り上げを伸ばすことは、企業の継続性を考えれば大切なことではあるのですが、それ以上に、売り上げを伸ばしたあと、どういう世界を目指すのかといったことは、もっと重要です。それが、この仕事をする意味、この会社で働く理由につながっていくのです。

「ミッション」を日本語にすると「使命」となります。すなわち、「命」を使おうと思えるほどの使命感こそを、「ミッション」と呼ぶのです。南アフリカに勝った二〇一五年のラグビー日本代表も、実力差のあるニュージーランド代表と試合をした一九八七年のラグビー日本代表も、「命」を使うことのできる「ミッション」があったからこそ、相手に立ち向かうことができました。

このように、リーダーがしっかりとした「ミッション」を提示して初めて、メンバーには使命感が生まれ、力が湧き上がってくるのです。

「戦う集団」となる条件

先述のように「なぜ」を積み重ねていくと、その組織が果たすべき「ミッション」にたどり着くのですが、リーダーがどんなに内なる「なぜ」を積み重ねて「ミッション」にたどり着いたとしても、抽象的なイメージにとどまってしまい、チームメンバーと共有することが難しいということは起こりえます。

そのため「ミッション」をチームメンバーに正確に伝え、現場に落とし込んでいくためには、リーダーは「ミッション」を具体的な言語に変換していかなければなりません。そうして具体的な言語に落とし込むときにストーリー性を持たせると、さらに「ミッション」を共有しやすくなります。

私がかつて所属していた神戸製鋼ラグビー部は、現在、「なぜ神戸製鋼でラグビーをするのか」といったことをチームメンバーに学ばせる「レガシー活動」を行っています。それを始めたのは、二〇一八年に総監督に就任したウェイン・スミス氏です。

神戸製鋼ラグビー部が決して忘れてはいけない出来事、それは一九九五年一月一七日に起きた阪神・淡路大震災です。このレガシー活動では、クラブハウスに選手やスタッフが集合し、震災の二ヵ月半後に復活して「復興のシンボル」といわれた高炉のある神戸製鉄所まで、約二キロの道のりを歩いて移動します。

その後、製鉄所の会議室で震災後の高炉の再稼働にまつわる映像を観て、当時、製鉄所の復旧作業に尽力《じんりょく》されていた方から苦労話を伺い、高炉の解体作業現場に向かいます。そこで一人一つずつ耐火レンガを拾い上げ、再び徒歩でグラウンドに戻る。そうして持ち帰った耐火レンガに、選手がそれぞれの名前を書き込み、ミーティングルームに積み上げて、一枚の壁のモニュメントを作りました。

こうした取り組みを通じて、選手たちは「なぜ神戸製鋼でラグビーをするのか」と、自分自身に向き合います。結果、神戸製鋼でラグビーをする意味を見出し、そこをスタート地点にすることで、チーム全員のベクトルを合わせることができるのです。

人間は目には見えない意味や価値を感じることができる生き物です。さらに、ほかの人には見えない独特の意味や価値を感じることで、不思議な力が湧き上がってくる存在なのです。

そのため、選手たちの誰もが「オールブラックスには勝てないよな」と思っていたとしても、リーダーは、それでも戦うことに価値を見出して自分自身を説得し、そのことを言語化しなければなりません。すると選手たちも自分が戦う意味を発見し、初めて「戦う集団」となることができるのです。

ラグビーのメンバーは常にデコボコ

ラグビーは試合に出場している一五人にそれぞれ役割があり、体が大きな人にも小さな人にも、または足が速い人にも遅い人にも、それぞれの特性に合ったポジションがあることが最大の特徴です。

身長一八〇センチを超えるような大きな選手ばかりといったイメージがあるかもしれませんが、たとえばスクラムハーフのように、身長一六〇センチぐらいでも大活躍している選手も多いのです。

このスクラムハーフは、試合では九番の背番号を付けています。スクラムにボールを投入し、出てきたボールをパスでバックスにつなぐのが、主な役割です。地面に転《ころ》がっているボールを拾い上げてパスをすることが多く、身長が低いほうが、むしろ有利になります。

ほかには、最前列で相手とスクラムを組み合うプロップは、体重が重い選手が多い。また、ラインアウトやキックボールの奪い合いといった空中戦が多いロックは、背の高い選手が有利。私も長くロックを務め、「日本一のロック」という自負もありましたが、身長二メートルを超えるような大柄な選手が多い海外では、ロックとしてはかなり小柄でした。そのため、留学先のオックスフォード大学や、世界のトップ選手が集められるバーバリアンズでも試合に参加しましたが、そのときはいずれも、プロップでの出場でした。

またバックスのなかで、相手を抜いてトライを奪う役割のあるウイングは、体の大きさよりも足の速さが要求されます。一方で、相手とのコンタクトプレーが多いセンターは、ウイングよりも大柄な選手が多くなります。

もちろん例外もあります。たとえば極端に身長の低いプロップ。相手の大きなプロップにとっては、スクラムが組みにくいはずです。また、オールブラックスで伝説的なウイングとなったジョナ・ロムーなどは、身長が二メートル近くもあり、体重も一二〇キロほどありました。

どういうラグビーをするかによって、それぞれのポジションにどのような選手を配置するかは変わりますが、総じていえば、ラグビーチームのメンバーは常に「デコボコ」で、それぞれの個性に合ったポジションが存在します。背が低くても高くても、太っていても

バーバリアンズのロシア遠征時にフランス人のチームメイトと

痩せていても、足が速くても遅くても、その人に合ったポジションがある。まさに多様性を体現したスポーツなのです。

試合では、こうして与えられたポジションで自分の役割を果たしきることが求められます。

いまでこそプロップにもランニングスキルが求められますが、私が現役の頃、プロップに与えられた役割は、絶対にスクラムで押し負けないことだけでした。だからこそ、試合でボロ負けしたとしても、スクラムで相手チームを三センチでも押し込めば、試合にも勝ったような気持ちになっている選手が多かったのです。

指導者やリーダーは、こうしたことをすべ

て考慮したうえで、チームビルディングを進めていかなければなりません。

キャプテン就任後すぐに掲げたチームの目的

どんなに強いチームでも、すべてのポジション、すべてのプレーで、相手チームを上回る選手を配置できるわけではありません。現在のメンバーから、それぞれの長所を見極めて、その長所を結集し、どんなラグビーをすれば相手に勝つことができるかを研究し、戦術や戦略を練り上げていく必要があります。

全国社会人大会で七連覇した神戸製鋼ラグビー部が初優勝を果たしたときは、まさにそのようなチームでした。私と大八木《おおやぎ》淳史《あつし》という二人の日本代表をはじめ、フォワードには力強い選手が揃っていたので、縦への突破力はありました。ところが、フォワード八人の力を結集しなければならないスクラムが情けないほど弱く、自陣ゴール前五メートルでスクラムになれば、相手にスクラムトライを奪われることを覚悟しなければならない、そんなアンバランスなチームでした。

また当時の社会人ラグビーは、現在のようにボールを展開してトライを奪うラグビーで

ラグビーの「創始者」ウェッブ・エリスの記念プレートの前で
大八木と平尾と共に

はなく、ペナルティで得た得点チャンスを確実にものにして、試合終了時に一点でも多く相手を上回って勝つ、という考え方が主流でした。しかし神戸製鋼は、バックスに展開力はあるもののキッカーに人材がなく、得点源であるはずのペナルティキックに不安がありました。

そうしたこともあり、この初優勝を遂げるまでの神戸製鋼は、たしかに関西では強豪チームの一つでしたが、全国社会人大会での優勝経験はありませんでした。一方、チームとしてはさまざまな改革を続け、一九八四年度のシーズンからは「やらされるラグビー」から「自分たちで考えるラグビー」への変革を目指し、監督制度を廃止しました。

私は一九八六年度からキャプテンを務めました。大物新人として平尾誠二が入社してきたのは、この年です。

その前の一九八五年度のシーズンでは、全国社会人大会で七連覇を続けていた新日鉄釜《かま》石《いし》（現・釜石シーウェイブス）に勝利し、その不敗神話を崩しました。しかし決勝では、関西社会人リーグでは勝っていたトヨタ自動車（現・トヨタヴェルブリッツ）を前に涙を呑み、準優勝止まり。初優勝を成し遂げることはキャプテンとなった私の信念にもなっていました。

そこで私は、キャプテンとなった最初のミーティングで、チームが目指すべき目的を掲げました。

①自主的な練習で強くなろう
②ボールをつないで観た人が感動する面白いラグビーを目指そう
③日本のラグビーをリードしていくチームになろう
④それができるのは神戸製鋼だけであることを意識しよう

結果は練習の質と量のかけ算で決まります。それまで神戸製鋼は週六日で練習をしていましたが、練習量が多すぎるとラグビーが嫌になり、練習の質も落ちてしまいます。当時はアマチュアリズムが支配する時代で、海外のクラブチームは週三日の練習がほとんどでしたが、それでも強いチームはたくさんありました。こうしたチームでは、練習で足りない部分を個人が自主的に練習して補っていくことが徹底されていました。

そのため私がキャプテンとなってからは、神戸製鋼の練習は、週四日に減らすことにしました。

このシーズン、神戸製鋼は全国社会人大会の準決勝まで勝ち進み、再び新日鉄釜石と対戦しました。前年度に神戸製鋼が新日鉄釜石の八連覇を阻止するなど、これまで幾度となく熱戦を繰り返してきた間柄。この試合でも両チームは譲らず、九対九の引き分けに終わりました。そして抽選の結果、新日鉄釜石が決勝に進出したのです。

コーチ廃止の功罪

翌一九八七年は、第一回ラグビーワールドカップが開催されるシーズンでした。私自身、日本代表のキャプテン、神戸製鋼のキャプテン、そして仕事と、非常にハードな日々を過ごしました。

この年は、これまで進めてきたチーム改革をさらに進めることにしました。自主的なチーム運営を進化させるため、選手から何人かのリーダーを選ぶ一方、コーチ制度を廃止したのです。

自分たちで決めて練習して強くなる――私がキャプテン就任時に掲げた「自主的な練習で強くなろう」という理想に向けた大きな一歩だったはずですが、結果として、このチーム改革が私を苦しめることになりました。

実は当時、ワールドカップやオールブラックスの日本遠征など大きな試合が相次いだこともあって、私は古傷がある左膝にケガを再発していました。膝には何度も水が溜まり、足が動かず、思うようなプレーができません。全国社会人大会を前にフィットネス強化の厳しい練習メニューを組みましたが、当の私が走れないのです。

キャプテンにはさまざまなタイプがいますが、私は体を張ったプレーで周りの選手を引っ張っていくタイプ。そんな私が思うようなプレーができず、もがき苦しむ日々が続きました。

そのため、この年から始めた「リーダー制度」を活用し、私とチームリーダーで何度もミーティングを重ねました。しかし、リーダーからさまざまな意見を汲《く》み上げるはずの場は、どこでボタンをかけ違えたのか、異論が噴出する場になってしまいました。チームのためを思ってした発言でも、キャプテンたる私が責められているように感じる状況もありました。

こうして、自主的なチーム運営を目指して始めたミーティングは、チームリーダーたちと私とのケンカの場のようになっていきました。これでは新しいラグビーの創造どころではありませんし、チームビルディングも叶《かな》いません。

コーチが指導していた頃は、チーム内で不満が蓄積されても、その不満はコーチに向かい、コーチ対チームメンバーという対立の構図になったとしても、結果的にチームが一つにまとまることもありました。しかしコーチという存在がなくなれば、反発の矛先《ほこさき》は、チームをまとめるべき私に向かうのも仕方がなかったかもしれません。

この時期、私のポジションのコンバートもありました。スクラムが弱いというチームの課題に対して「林がプロップになれば、スクラムが強くなり、優勝もできる」との声が上がったためです。

先述の通り、私には「日本一のロック」という自負がありました。本音をいえば、やりたくはありませんでしたが、優先すべきはチームの勝利です。毎週、同じ神戸市に本拠を持つワールドと練習を行い、何度もスクラムをめくり上げられながらも、私たちは少しずつ、強くなっていきました。

このように、さまざまな悩みを抱えながらも、なんとか全国社会人大会にまで漕《こ》ぎ着けました。そして神戸製鋼は、このシーズンも、優勝候補に挙げられていました。「これだけ頑張ったのだ、優勝できる」――私は自分自身にいい聞かせていました。

一回戦の相手は東芝府中（現・東芝ブレイブルーパス東京）です。この試合に勝ち、チームをまとめ直して一気に頂点を目指す、そんな構想を思い描いていました。試合は拮抗《きっこう》しましたが、試合終了まで残り一分、五点をリードし、相手陣深くに神戸製鋼は攻め込んでいました。ほとんどの選手が勝ちを確信していました。

しかし一瞬の隙《すき》を突かれ、東芝府中の自陣ゴール前からボールを回されてパスをつなかれ、最後はインゴール中央にトライを決められてしまいました。ゴールも決められて、一点差で涙を呑むことになったのです。

正月前にラグビーのシーズンが終わってしまうのは、私にとっても、ほかのチームメンバーにとっても、初めての経験でした。そのシーズンは、私たちに勝った勢いで、東芝府中が優勝を果たしました。私は無念さを胸に秘めながら、キャプテンを降りる決意をしました。

そして後任のキャプテンを、平尾誠二に託すことにしました。平尾は一九八八年当時、社会人三年目。チームには平尾よりも年長の選手がたくさんいました。しかし、それでも私は平尾をキャプテンに指名することにしたのです。

自分たちで考え、自分たちで決める、そして、これまでとは違う新たなラグビーを創造してチームが優勝する……それには私とはまったく違うアプローチが必要なのではないか、そう考えたのです。

メンバーの長所を活かすテクニック

先述の通り、ラグビーでは、ポジションによって役割がまったく異なります。フォワードの核をなすロックの私の役割は、モールやラックといった密集でボールの争奪戦を行うことであり、自らが体を張ることによってチームを引っ張ってきました。一方の平尾はバックスのプレイヤーであり、司令塔たるスタンドオフ。フォワードの後方でボール争奪戦を観ながら、試合の流れを読んでゲームを組み立てる——それが平尾の役割でした。

私はその年のシーズンから、プロップからロックに戻りました。とはいえチームは、スクラムという弱点を克服できてはいませんでした。

ラグビーでは、ボールを前に落とす「ノックオン」、あるいはボールを前に投げる「スローフォワード」といったミスが起きれば試合が止まり、相手ボールのスクラムとなって再開されます。こうした「ノックオン」や「スローフォワード」といった反則が起きれば、ボールが相手に渡るばかりか、スクラムが多くなって、それが苦手な神戸製鋼は試合を有利に運ぶことが難しくなります。

そこで、そのシーズンから、神戸製鋼では「ノックオン」や「スローフォワード」といったミスに対し、これまで以上に厳しくなりました。

また神戸製鋼には、ペナルティで得たキックで得点を積み重ねることのできる優秀なキッカーもいませんでした。こうした状況でチームが日本一を目指すには、トライを取れるチームに変えていくしかありません。それは私がキャプテン就任時に掲げた「ボールをつないで観た人が感動する面白いラグビーを目指そう」というチームの目的にも通じるラグビーを実践することでした。

もちろんスクラムを強化し、キッカーを育てて、チームの弱点を抜本的に克服する、という強化策もあったと思います。しかし、一年間という短い期間で結果を出すためには、チームの課題を根本から解決する時間が不足していました。こうした事情もあって、平尾は、私や大八木、そして平尾自身といった日本代表の選手を中心に据え、個人の能力の高さという強みを最大限に活かした「トライを取れるチーム作り」を目指したのです。

また、このシーズンでは、リーグ戦終盤に入り、平尾をスタンドオフからセンターにコンバートすることになりました。

スタンドオフはバックスのトップの位置に立ち、フォワードが獲得したボールをもらったあとに、どのような攻撃を組み立てるかを判断するポジションです。蹴るのか、パスを回すのか、自分が抜くのか、それらを瞬時に判断しなければなりません。

しかし、ゲームを組み立てることはセンターの位置からでも可能です。バックスにスクラムハーフからボールが供給されれば、スタンドオフがセンターへとつなぎ、次のウイングがトライゲッターの役割を担います。平尾はセンターの位置に下がることで、よりトライに近い場所で判断することを選択したのです。

初優勝を果たし高々と賞状を掲げる著者

現有戦力の強みを最大限に活かすにはどうすれば良いのか——それをこのシーズン、徹底的に考え抜きました。その結果、神戸製鋼は、このシーズンに初優勝を果たすことができたのです。

表彰式で賞状をもらうのは、キャプテンの平尾の役割であるはずですが、これまでの苦労を知っている平尾から、「林さん、もろてきて」と声をかけられました。「何いうてんねん、ええよ、俺は」と、いったんは固辞しましたが、「これをもらうのは林さんしかいない、みんな、林さんに行ってもらうぞ」との声に後押しされ、賞状をもらいに行きました。

万感の思いで賞状を受け取った私は、賞状

を頭上に高々と掲げました。大粒の涙がこぼれてきたことを、昨日のことのように思い出します。

神鋼ラグビーに学ぶイノベーションの起こし方

初優勝までの神戸製鋼ラグビー部に起きた出来事を、企業に置き換えてみましょう。

まず、監督やコーチを廃止し、選手のなかからチームのリーダーを決めて、あくまで現場主導で意思決定をする仕組みを作り出しました。企業でいえば、さまざまな権限を現場に下ろして、コミュニケーション力を高め、意思決定のスピードを上げる取り組みです。問題が発生しても、こうした体制であれば、現場ですぐに対処することができます。

ラグビーという競技は、試合に出場する一五人の意思決定によって成り立っています。試合の情勢は刻一刻と変化しますが、どこかに綻《ほころ》びが生じたとき、それを放置し続ければ、その綻びはどんどん大きくなって、最終的にはゲームそのものを崩壊させる危険性があります。常日頃から現場に近いところでスピーディに意思決定を繰り返すことで、実際の試合でも綻びをすぐに繕《つくろ》うことができるのです。

現代は、Volatility（変動性）、Uncertainty（不確実性）、Complexity（複雑性）、Ambiguity（曖昧性）の頭文字を並べた「VUCAの時代」といわれ、将来のことが見通しづらい時代に入りました。試合の状況が変化し続けるラグビーと、どこか似ているところがあるのかもしれません。実際、ビジネスの世界でも、「現場から遠いところだけで意思決定をしていては、時代の流れに合わせた施策を打っていくことは難しい」といわれています。

チームビルディングを行ううえで、スピーディに意思決定できる仕組みを構築することは、非常に重要です。私がキャプテンのときは苦労しましたが、そのときの仕組み作りが、その後の神戸製鋼の七連覇につながっていったように思います。

神戸製鋼の初優勝は、あり余る戦力を使ってチームを作り、成し遂げたものではありません。限られた戦力を駆使して日本一を目指したのです。

私がキャプテンに就任したとき、「日本のラグビーをリードしていくチームになろう」という目的を打ち出しました。その後、平尾キャプテンのもとで優勝を果たし、そこから七連覇を成し遂げることができたので、当初の目的は達成できたと思います。

ラグビーチームだけでなく、どのスポーツチームも常識にしていた監督制度を廃止し、ペナルティキックで得点を積み上げる戦い方が全盛の社会人ラグビーで、ボールを回してトライを取りにいくラグビーを目指しました。当時はそんな言葉は人口に膾炙《かいしゃ》していませんでしたが、神戸製鋼ラグビー部は、ラグビー界に「イノベーション（革新）」を起こした存在だったと思います。

しかし、もしもスクラムが強く、ペナルティキックを任せられるキッカーがいるというチーム状況なら、もっと別の戦い方をしていたかもしれません。ほかのチームと同じように、ペナルティキックで得点を積み上げる戦い方をしていた可能性もあります。

しかし、ほかのチームと同じような戦い方をしていれば、日本のラグビー界に大きなインパクトを与えることもなく、その後の七連覇も実現できなかったと、私は確信しています。

このときの神戸製鋼の挑戦は、「イノベーションは不安定な状況下でこそ実現できる」……このことを体現したといえるでしょう。

新たな人材を求めるのではなく、いまいる仲間たちと達成したい目的を掲げ、それぞれの長所を見出し、軋轢《あつれき》を恐れずに突き進む――それが徹底できれば、イノベーションが生まれ、強い組織が育っていくのだと思います。

「ONE FOR ALL, ALL FOR ONE」とは「和」

ところでラグビーには、その精神性を表す言葉がいくつかありますが、「ONE FOR ALL, ALL FOR ONE」という言葉は、この本を読んでくださっている皆さまも、一度は聞いたことがあるのではないでしょうか？

日本語にすると「一人はみんなのために、みんなは一人のために」という意味ですが、この言葉こそ、チームビルディングの核心だと、いまは思います。「いまは」と敢《あ》えていうのは、私はこの言葉が本当に正しいのかどうか悩んだ時期があったからです。

というのも、「一人はみんなのために」は良いのですが、「みんなは一人のために」と、手取り足取りやっていいのかな、と疑問に感じていたからです。そんなことをしたら、とても効率が悪い組織になってしまうのでは、と思っていたのです。

そこで、こう解釈しようとした時期もありました――「みんなは一人のために」ではなく、「みんなは一つの目的のために」と。

しかし、いまはそうではなく、やはり一人のためにみんなが何かをしてあげたい、という状態が最善なのではないかと思っています。そう、善意に満ち満ちた組織でないと結果を出すことは難しい、と考えるようになったのです。

しかし「ONE FOR ALL, ALL FOR ONE」と口にするのは簡単なのですが、実際にやってみると、実はすごく難しい。自分のためではなく誰かのために、となると、まずは自分自身のエゴを捨てなければならないからです。

エゴを捨て、感謝の気持ちを持って初めて、誰かのために動くことができるのではないかと思います。そして感謝の気持ちを持てば持つほど、誰かのために何かをしてあげようと思う。こうして、何かをしてもらった誰かも感謝の気持ちを抱き、また別の誰かのために何かをしてあげようと思う好循環が生まれます。

つまり、感謝の気持ちを持って誰かのために何かをしてあげようと思えば思うほど、人間の存在は公共化していくのです。

ラグビーでは、試合が終わることを「ノーサイド」といいます。これまで体をぶつけ合い、死力を尽くして戦った選手が、「ノーサイド」の笛の音やブザーの音と共に肩を抱き合い、お互いの健闘を讃《たた》え合います。エゴを超えて「私」を公共化し、それぞれの公共心を引き出す、その結果が「ノーサイド」なのです。

ある年の「ヒーローズカップ」では、大阪と京都のチームが決勝で対戦しました。そして感動的ともいえる熱戦の末、京都のチームが僅差《きんさ》で勝ちましたが、「ノーサイド」の瞬間、両チームのコーチ同士が泣きながら抱き合い、敵味方関係なく、子どもたちの頭を「良くやったなあ」「頑張ったなあ」と撫《な》でていました。これを観て、「ノーサイド」の精神の素晴らしさを、改めて痛感しました。

実は「ノーサイド」という言葉も「ONE FOR ALL, ALL FOR ONE」という言葉も、海外ではあまり使われていません。日本にラグビーが入ってきたあと独自に発展した言葉だといわれています。

「ONE FOR ALL,ALL FOR ONE」という言葉は、一言でいえば「和」ということなのだと思います。それは人と人だけでなく、人と自然だったり、現在世代と将来世代だったり、いろいろな人がエゴを超えて自分以外のことのために行動する、それが「和」なのです。

日本人にとって「和」は、聖徳太子《しょうとくたいし》が「和を以《もっ》て貴しとなす」と「十七条憲法」で定めた、文化に根ざす概念です。昨今のグローバルスタンダードなどをはるかに超越した概念です。

この「和」は「やわらぎ」とも読みます。強い力には強い反作用がありますが、「和」は「やわらぎ」の力ですべてのことを受け止め、反作用も最小限に抑えます。

「ONE FOR ALL」という気持ちになることは、感謝の思いを感じられない人にはできません。恩に報いたい、すなわち「報恩」という気持ちが必要なのでしょう。そして企業でいえば、顧客のためでもあり、従業員それぞれと和していく、ということなのだと思います。

昨今、持続可能な開発目標（SDGs：Sustainable Development Goals）が国連で採択され、二〇三〇年までに持続可能でより良い世界を目指す国際目標に向けて、世界各国、各企業の取り組みが進んでいます。こうした考え方を含んでいるのが日本に根付く「和」の哲学――日本企業が率先して、その考え方を世界に広めていってほしいと思います。

もちろんチームビルディングにおいても、「和」の精神をチームメンバーに落とし込むことは、非常に重要です。

第2章

ロッカールーム

——集中する技術

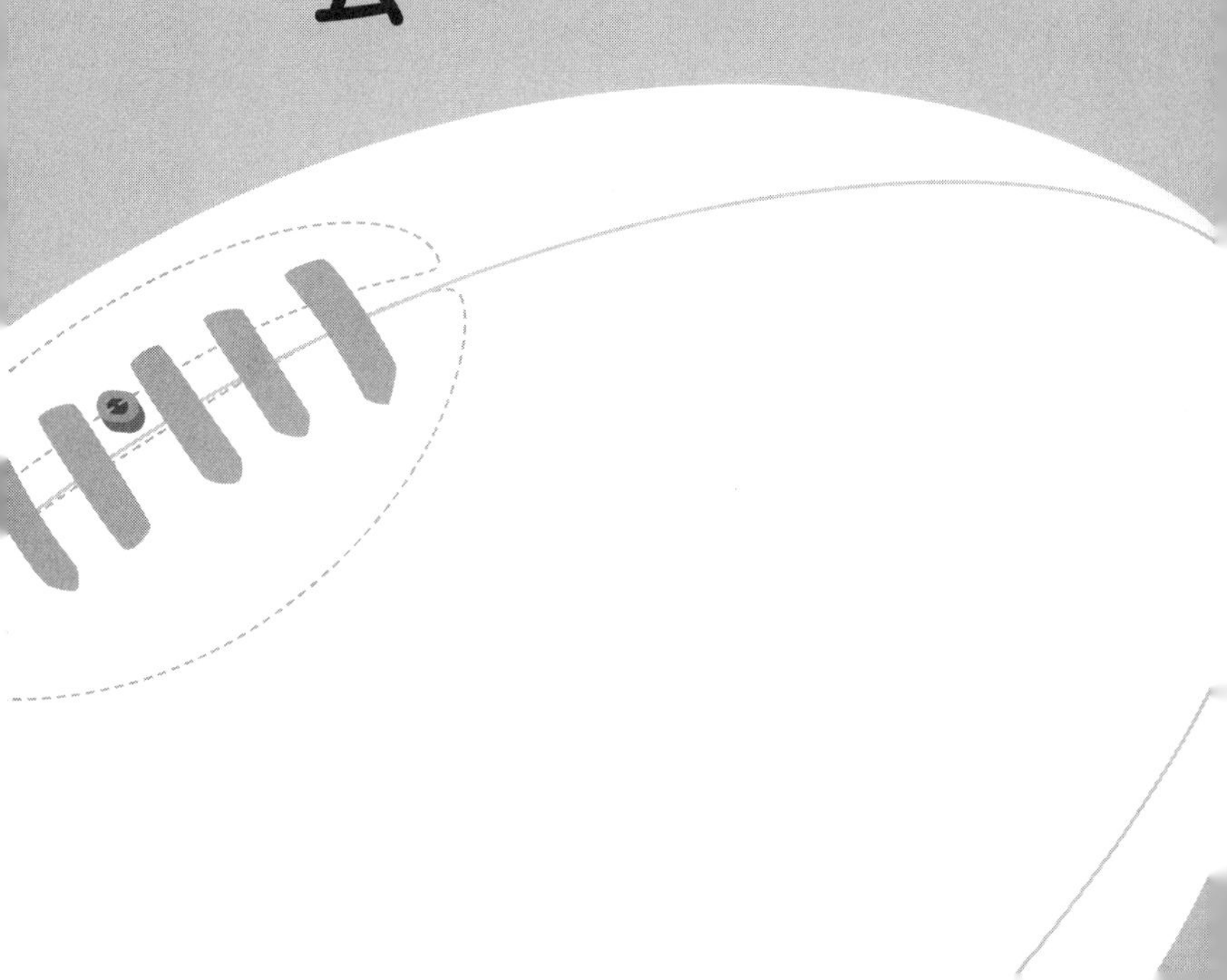

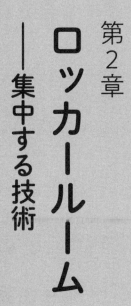

日常と非日常をつなぐ場所

ラグビーでは正装して試合会場に向かいます。そしてロッカールームでブレザーを脱ぎ、ネクタイを外し、ワイシャツを脱いで、ジャージに着替えます。

ラグビーは、社会から隔絶されたグラウンドのなかで、日常生活の人間関係や上下関係にはまったく影響されず、人と人が体をぶつけ合い、ボールを奪い合い、そして奪ったボールを仲間へとつなぎ、相手ゴールまで運んで地面にボールを着け、その回数を競うゲームです。体と体がぶつかり合うわけですから、大ケガをすることもありますし、一歩間違えれば死ぬことだってありえます。

普通に日常を生きていれば、大ケガをすることなどほとんどありませんし、ましてや死ぬような危険に遭遇することも、めったにありません。そうした意味で、ラグビーは紛れもない非日常に属する世界であり、修羅場でもあるのです。

私自身、ロッカールームとは、日常の社会から自分自身を切り離すための場所だと位置づけてきました。もしくは、日常と非日常をつなぐための「間《ま》」と呼んでもいいかもしれません。

このロッカールームで非日常の世界に入るための準備をするのですが、そのためのキーワードは「浸りきる」です。

ニュージーランドで学んだ「浸りきる」

「浸りきる」ことを強烈に意識するようになったのは、一九七九年三月のことです。まだ大学生だった私は、何人かの日本代表と若手選手の混成チーム「Aジャパン15」に選出されました。このチームはニュージーランドに遠征し、現地では八試合を戦いましたが、その第四戦は「南島選抜」との対戦でした。

ニュージーランドは国土が北と南の島に分かれた国です。南島選抜は、その国土の半分の代表選手ですから、現役のニュージーランド代表オールブラックスの選手も含まれた強豪チームでした。

このとき私はリザーブとして登録され、仲間の試合をベンチから見守ることになりました。すると、「Aジャパン15」は激しいタックルを繰り返し、試合は白熱した展開になりました。結果は二一対二四で敗れたものの、最後の最後まで勝敗の行方《ゆくえ》が分からない素晴らしい試合でした。

大熱戦の立役者となったのが、何度も何度も激しいタックルを繰り返したフランカーの坂本満《さかもとみつる》さんでした。その坂本さんは、あまりの疲労ゆえに、試合後の「アフターマッチファンクション」（相手チームとの交歓会。単に「ファンクション」とも。私がプレーしていたときには「ファンクション」を使っていたので、本書でもそうします）中に、ぐったりと眠るようにソファに倒れてしまいました。

私は彼を揺すったり、たたいたりしましたが、ピクリともしません。仕方がないので、私が背中におぶってバスに乗せ、ホテルまで連れて帰りました。

そして部屋の前まで背負っていってカギを開けるとき、坂本さんを一瞬だけ廊下のカーペットに寝かせました。すると仰向《あおむ》けに寝かせた坂本さんがごろりと転がって俯《うつぶ》せになり、ちょうどフォワードがラックに入るときのような姿勢を取りました。そのとき坂本さんは、「フォワード頑張れ、フォワード頑張れ」と呟《つぶや》いたのです。

体力や気力の限界を超えて戦い抜き、試合が終わっても無意識のなかで戦っている坂本さんの姿を目《ま》の当たりにして、私はとても純粋で美しいものを見た思いがしました。涙があふれて止まりませんでした。

そんなことがあってから、「お前は倒れるまで走れるのか？」と、自分に問い続けました。瞬間瞬間、一〇〇パーセントの力を発揮し、走って走って、ノーサイドの笛が鳴ったらバタリと倒れてみたい……そんな試合をしたいと思うようになりました。

そうして選手生活も晩年に入ると、この倒れ込むまで試合に集中している状況のことを、私は「浸りきる」という言葉で表現するようになりました。

集中する技術①――「身心脱落」と「無我夢中」

ここからは「集中する技術＝浸りきる技術」の実践について書いていきます。

「浸りきる」とは「無我夢中」の状態のことを指します。「無我夢中」は禅の考え方のなかにあり、この状態になるためには、「身心脱落」しなければなりません。この「身心脱落」も禅の言葉ですが、「身心脱落」は、曹洞宗《そうとうしゅう》の開祖・道元《どうげん》が悟りを得るきっかけとなった言葉でもあります。

人間は皆、「俺が、俺が」という自我意識を持っています。「私は立派なことをしている」といった優越的な意識も「私はダメな人間だ」という劣等感も、共に自我から来ています。自我があるからこそ、他人と自分を比べてしまいますし、優越感や劣等感を持つことになるのです。

そうした自我をすべて捨て去るという教えが「身心脱落」です。「身心脱落」して自我を捨てれば、「一如《いちにょ》」、すなわち唯一絶対の真理そのものになりきれます。「身心脱落」して「無我」になれば「夢中」になる。「無我夢中」には、そうした意味があるのです。

本来、人間は、あるがままの状態が一番良い状態です。いろいろと考えれば迷いも生じるし、不安にも憂鬱《ゆううつ》にもなります。「ほんまかいな?」と思ったら、もう人を信じることもできません。人を好きになったり、愛したりすることもできないのです。

そして、人は考えるときに理性を働かせます。感じるときには感性を働かせます。理性は人との違いを探そうとし、感性は共通点を探そうとします。

「身心脱落」して「無我」となり、あるがままの自分を保って感性を働かせる。他人との違いではなく、共通点を探そうとする。集中するためには、まずは、あるがままの自分になることが大切なのです。

集中する技術②——「時の観念」と「前後際断」

自我と共に人間は「時の観念」を持っています。

人間は現在を軸に、過去と未来を線でつなごうとします。「昨日は良いことがあったな」とか「今日はツイてなかったけれど、明日はラッキーなことがあるかな」などと、現在を軸に、あれこれと過去や未来のことを考えるのです。そして、こうした発想に慣れると、過去に縛られ、すぐに未来へと逃げ込もうとします。

でも、その人が実際に生きているのは「いま」です。ベッドに横たわり、ボーッとしながら、「明日になれば良いことがあるかな」などと考えを巡らせたところで、過去は変わらないし、未来が良くはなりません。現在という時間を大切にして何かしらの行動をすることだけが、より良い未来を作り出すのです。

「前《ぜん》後《ご》際《さい》断《だん》」という言葉をご存じでしょうか。これも禅から出た言葉ですが、過去と未来を切って捨て、常に「いま」を生きることができれば、人生の達人になれるというものです。

経営の神様と呼ばれたパナソニックの創業者・松下幸之助《まつしたこうのすけ》さんも、「どんなに悔いても過去は変わらない。どれほど心配したところで、未来もどうなるものでもない。いま、現在に最善を尽くすことである」という言葉を残しています。

家が裕福だったり貧しかったり、生まれながらにしてその人に与えられた境遇は、さまざまです。人生では、そのことが不利にもなるし、有利にも働きます。しかし、時間だけは誰にでも平等に与えられているのです。

寿命の長い短いもあるでしょうが、人生が限られたものであることも、万人に共通したことです。限られた人生のなかで、平等に流れる時間のどこにフォーカスを合わせれば良いのかを、「前後際断」は教えてくれます。

また、武士の倫理観を記した『葉隠《はがくれ》』には「武士道というは死ぬことと見つけたり」という有名な一文があります。しかし、この言葉は当初、私にはしっくりと来ませんでした。

そこで「明日」という言葉を入れてみました。「武士道というは『明日』死ぬことと見つけたり」と。そうすると、「前後際断」の言葉につながります。今日という日をいつも人生の最後の一日のように、いまに「浸りきって」生きることができたら、生きる達人になるのではないか、と思っています。

私は「浸りきること」「無我夢中になること」の素晴らしさをラグビーから教えてもらいました。グラウンドのなかでは、いまに「浸りきって」プレーしないと、良いプレーはできません。過去のことも未来のことも関係なく、「いま」という一瞬一瞬に、すべてを出しきることが重要なのです。

「この試合、勝てるかな」などといった迷いや、「あのときタックルに入っていれば」といった後悔、こうした未来や過去のことを考えても、ラグビーの試合では、何の意味も持ちません。

ラグビーで大事なのは、常に「いま」「ここ」です。グラウンド外の地位や肩書きなど、何の役にも立ちません。目の前にあるボールに飛び込んでいくことができるか、全力で走ってくる自分よりも大きな相手にタックルすることができるか、これらがすべてです。

こうした空間で戦い、「浸りきる」からこそ、あるがままの自分が出てくる。泣きたいときに泣き、笑いたいときに笑う……あるがままの自分でいることができれば、自然と感性が研《と》ぎ澄《す》まされ、湧き上がるものが生まれてきます。

こうした非日常の世界に入るには、準備をするための「間」が必要です。日常の肩書きや地位を捨て、現実社会との関係を断ちきり、過去や未来といった時間の観念をも忘れ、あるがままの自分になってグラウンドに立つ。その準備をするための場所がロッカールームなのです。

人間が最後を意識すると

ところで、最後を意識したとき、人間は大きな力を発揮します。すると「浸りきる」ことのできる状態、すなわち倒れるまで試合に集中できる感覚にも近づきます。

私は、「これがラグビー人生で最後の試合だ」と覚悟をしたことがありました。オックスフォード大学での生活が始まった頃のことです。

イギリスでの新しい生活が始まったのはいいのですが、英語の授業にはまったく付いていけません。それなのに毎週毎週、宿題が出され、レポートを書かなければいけない。周囲との会話もままならない。そんな大変な生活が待っていたわけです。

ラグビーのほうも苦境に陥っていました。というのも、当時はラグビーがプロ化する前であり、各国のインターナショナルプレイヤーが、次のキャリアを築くため、オックスフォード大学に留学してきていたからです。ゆえにラグビーのレベルも高く、日本代表も勝てないような時代でした。

当然、皆、体も大きく、フォワードのなかでは私など、どちらかというと小さいほうの部類でした。そうした状況下でも私は、なんとかポジションを勝ち取ろうと、一生懸命に頑張っていました。

濃紺のジャージをまとい「ブルー」の称号を得る

そんな頃、アイルランドの名門ダブリン大学との定期戦が、オックスフォード大学のイフリーロードグラウンドで行われたのです。この試合を私は忘れることができません。

このときオックスフォード大学のキャプテン、オーストラリア代表でもあったブライアン・スミスは、私を四番のロックとしてメンバー発表していました。ところが試合前のウォーミングアップ中、遅れてウイル・ストーマンという体の大きなロックが到着した際に、しまったというふうな困った表情を浮かべました。そうして私のところにやって来て、「マル（著者のニックネーム）、前半の途中でケガをしてくれないか。というより、ケガしたふりをして退場し、ウイル・ストーマンと代わってくれ」と頼むわけです。

事情はすぐに呑み込めました。私は当て馬だったのです。ウイルが来られるかどうか分からないので、とりあえず私をメンバーに入れておいただけだったのです。

このとき、私が悔しい思いをしながらウォーミングアップをしていると、痛めている左の膝がガクッと外れ、動かなくなるという大ピンチに見舞われました。その場にしゃがみ込んでいる私に、「どうしたんだ？」と、チームメイトが聞きに来る。しかし膝が外れたなどといったら、「今日は試合を休め」といわれて、それまでです。

そこで私は、「テーピングの巻き方が悪かったみたいだ」とごまかしながら、なんとか膝を元の状態に戻そうと格闘しました。初めてのことで焦《あせ》りましたが、ここでリタイアするわけにはいきません。

というのも、この試合で実力をアピールしなければ、オックスフォード大学の代表としてケンブリッジ大学と戦い、「ブルー」の称号を得るという夢が消えてしまいます。

なんとか治ってくれ……と五分ほど膝と格闘していたところ、何の加減か、ボコッと膝が元に戻りました。私は慌ててロッカールームに戻り、テープを巻き直して、試合前のミーティングに合流しました。

ただ、「この試合でもう一度膝を痛めたら、私の選手生命は終わりだ」と思いました。一瞬、こうした不安が頭をよぎりました。

が、すぐに、「よくもこんな遠くまで来たものだ。日本からはるか彼方にあるオックスフォード大学で、ダークブルーのジャージを着て、俺よりもでっかいヤツらのなかでラグビーをやれる。これが人生最後のゲームになるかもしれないが、ここで倒れたとしても本望だ」……そう思った瞬間、涙があふれてきました。

キャプテンのブライアン・スミスの声がロッカールームに響きました。「Who are we?」「Oxford!」「Who are we?」「Oxford!」「Who are we?」「Oxford!」――三回叫んで、皆グラウンドに飛び出しました。

そしてキックオフ……私は最初から無我夢中でした。先述のように体調は悪かったのですが、覚悟を決めると人間は強いものです。

すると前半、ゴール前のペナルティから、相手のフッカーが突進してきました。その瞬間、「俺だ！」と叫び、私は鋭くタックルに入りました。

それが見事に決まる。ダブリン大学のフッカーは、もんどりを打って倒れ、悶《もだ》えたまま起き上がれません。そして、そのまま担架で運び出されてしまいました。

――これを機に、チームメイトの私に対する視線が変わりました。キャプテンのブライアン・スミスも、そして最後尾でフルバックを務めるケント・ブレイも駆け寄ってきて、親指を突き立てて見せました。サムアップです。

そのあと、ほかのプレイヤーが負傷退場したためウイル・ストーマンは登場しましたが、私は試合終了までプレーすることができました。これが、ポジションを獲得しようと奮闘する日々の始まりでした。

たかがラグビーの一試合……しかし命懸けでやってきたラグビーが、これで最後になるのかと思い、終わりを覚悟すると、人間は、もの凄いパワーを発揮するのだと悟りました。また、その結果、「浸りきる」ことも可能になりました。

集中を妨げるマインドワンダリングとは何か

ところで、仕事の書類を作成しているときに、ふっと昨日あった良くないことを思い出し、あれこれと考えてしまうことはありませんか。いま目の前に起きていることに心が向かず、目の前の課題とはまったく関係ないことを考えてしまうような状態にあっては、人は「浸りきる」ことなどできません。

こうした状態のことを「マインドワンダリング」と呼びます。いわば「心ここにあらず」といった状態であり、心がフラフラとさまよっている様を指しますが、人間は一日の半分をマインドワンダリング状態で過ごしているとさえいわれています。

たとえば日中、誰かと口論になったが、時間の経過と共に怒りはどこかに行ってしまい、口論になったことさえも忘れていたとします。しかし、夜にテレビを観ていて、ふとそのことを思い出してしまう、そんな経験はありませんか。

時間が経過しているぶん怒りは収まってはいるのですが、今度は口論した相手が自分のことをどう思っているかが気になって仕方がなくなり、布団に入ってもなかなか寝つくことができなくなる。そうしてあれこれ考えて眠れなかったけれど、翌日、相手に会ってみると、たいして気にもしていなかった、などということもよくあります。

最近ではほとんどの人が持ち歩いているスマートフォン（スマホ）も、マインドワンダリングを引き起こす要因の一つです。レストランでせっかく美味しく食事をしているのに、メールやSNSのメッセージ音が鳴り、そちらに意識が向いてしまい、味のことはよく覚えていない、などといったこともあります。

また、ほかにやることがあるにもかかわらず、頻繁《ひんぱん》にスマホのSNSをチェックしてしまう、などということはありませんか。他人の投稿が気になってついつい読んでしまい、その充実した毎日を自分と比べて、なぜかネガティブな感情になる……これはスマホ中毒、あるいはSNS中毒などと呼ばれる状態です。

このとき本人は「自我」の塊《かたまり》となっているので、先述した「身心脱落」とは逆の状況にあります。

そもそも心は、あっちに行ったり、こっちに来たりと、つかまえにくいものなのですが、スマホが登場し、現代では、心をつかまえることがさらに難しくなっています。

こうしたとき、心が常に自分のもとにある状態を身に付けることができる手段が、禅や瞑想《めいそう》です。最近、欧米で「マインドフルネス」という言葉が流行し、日本でも当たり前のように使われるようになりましたが、そもそもは東洋の文化である禅や瞑想がベースになっているのです。

林流——集中するためのルーティン

ここで、私がラグビーの試合前に集中するため、ロッカールームで行っていた「儀式」を紹介しましょう。

「ラグビーは非日常であり、修羅場だ」という説明はしました。レフリーが試合開始の笛をピッと吹いた瞬間、一〇〇パーセントの力を出して相手にぶち当たります。こうした非日常、そして修羅場に入っていくためには、ある特別な気持ちを作り上げなければなりません。

ルールがある戦いの場で八〇分間を生き抜くわけですから、娑婆《しゃば》っ気を捨てて、社会的な地位や名誉も忘れ、「身心脱落」して戦いの世界に「浸りきる」必要があります。そのため、毎回、あるルーティンを行って、気持ちを整えていく——以下のように。

ロッカールームに到着したら、まずブレザーを脱いで、ネクタイを外し、テーピングをして、サロメチールを体に塗りたくる。そしてジャージに着替え、グラウンドに出る前には頬を自らの拳で殴り、壁に頭をぶつける……。

二〇一五年のラグビーワールドカップでは、五郎丸《ごろうまる》歩《あゆむ》選手がゴールキックの際に見せる独特の動きが、「ルーティン」として日本中に広まりました。私が現役の頃はルーティンなどとは呼びませんでしたが、私の試合前のルーティンは、頬を殴りつけ、頭を壁にぶつけることでした。そうすることで心が非日常の世界に行き、倒れるまで走ろうとするモードに切り替えることができたのです。

顔を自分で殴ったことは覚えているのですが、それが痛かったのかどうかといった細かなところまでは覚えていません。その時点で、痛みが気にならないほどの集中モードに入っていたのです。

現役時代、こんなこともありました。神戸製鋼の独身寮で、試合翌日の朝、歯を磨いていると、頬が腫《は》れていることに気が付きました。「あれ？　俺、誰かに試合で殴られたのかな？」と、一瞬思いました。しかし、試合前に自分で自分の顔を殴っていたことを思い出し、われながらおかしくなりました。犯人は、自分だったのです。

そんな儀式を、日本代表の試合でも、日本選手権の決勝戦でも、関西社会人リーグの試合でも、ロッカールームのなかで行ってきました。「ここが勝負！」というところで初めて力を出そうとする人もいますが、それでは完全に力を出すことはできません。

試合後のロッカールームで
オックスフォード大学と戦った「スタンレーズ15」の選手たちと

このように、毎回、同じ動作を繰り返すことによって、脳はそれをスタートのスイッチだと認識するようになっていきます。その結果、試合のプレッシャーのなかでも、普段通りの結果を出すことができるようになります。

「この試合では力を出しきろう」「次の試合は相手が弱いから全力を出さなくてもいいかな」などと考え、「前後際断」ができなければ、目論見《もくろみ》通りに行かなかった場合に、自分のなかに迷いが生まれます。こうして迷いが生じれば不安にもなるし、目の前のボールに集中することもできません。

かつて平成の大横綱・貴乃花《たかのはな》が、「常に火事場の馬鹿力を出せるように稽古《けいこ》をしています」と話しているインタビューを観たことがあります。「やはり偉いな」と感心しました。結果を出すためには、勝負の瞬間にだけ力を出そうとするのではなく、常に愚直に切《せっ》磋琢磨《さたくま》していなければならないのです。

ルーティンは、そんなに大げさなものではありません。動作が同じであれば、何でも構いません。たとえばプレゼンの前に腕時計を触る、あるいはボールペンをノックするなどを習慣化すれば、簡単に自身のルーティンを作ることができます。

しかし大切なのは、その動作を通じて脳にスイッチを入れることです。これが長い目で見れば大きな差として表れるのですから、設定しておくに越したことはありません。

感性にはあるが理性にはないエネルギー

「狂《きょう》」という言葉に対し、皆さんはどのようなイメージを抱くでしょうか。最近はあまり良いイメージを持たれない言葉かもしれませんが、幕末に多くの志士を育て上げた長州の吉田松陰《よしだしょういん》は、「狂愚誠に愛すべし、才良誠に虞《おそ》るべし」という言葉を残しています。

この場合の「狂」は熱狂における熱量を示す言葉だと私は解釈していますが、熱量が求められた幕末の志士は、「狂」という言葉をとても大切にしていました。たとえば坂本《さかもと》龍馬《りょうま》は「自我狂《じがきょう》」という文字を好んで書きました。幕末の動乱を生き抜き、明治の元勲《げんくん》となった山県有朋《やまがたありとも》は、「山県狂介《きょうすけ》」と名乗っていたこともあるほどです。

現代は豊かで恵まれた時代です。しかし、恵まれすぎて生活が乾き、生が乾き、命が乾いていないかと危惧しています。おしぼりは、濡れているとズッシリ重いのに、乾いてカラカラになると軽くなる……このように生活が乾けば、生きていること自体も軽くなり、命すら軽くなってしまいます。

多くの自殺者が生まれたり、「人を殺してみたかった」などというまったくもって理解できない動機から殺人事件が起きたりするのは、こうしたことが背景にあるのではないでしょうか。

皆が変に頭でっかちになってしまうことが恐ろしい、すなわち「才良誠に虞るべし」という状態になっていないでしょうか。

しかし、愚かになれないと、「浸りきる」ことはできません。狂ったようにのめり込まないと、鮮やかなものをつかむこともできないのです。

ラグビーは熱量がないとできないスポーツです。試合開始の笛が鳴れば、相手に一〇〇パーセントの力でぶち当たるわけですから、もちろん「狂」が必要。私が楕円球と出会ったのは中学二年生のときですが、こんなラグビー人生の面白さに熱狂しました。

学校のクラブ活動で選択したことがラグビー人生の始まりでしたが、ボールを持って一直線に走ること、相手に全力でぶつかるタックル、これらが楽しくて楽しくて仕方がありませんでした。「体が弾むというのはこういうことなのか」と感じた体験でした。

このように「狂う」と思うほど何かにのめり込む経験は、人間を大きく成長させます。その原動力は、何かを達成したいという欲求です。ただ、いまは理性が優先されすぎる時代。狂いそうになるぐらいに何かを成し遂げたいという欲求があっても、理性でコントロールすることが求められます。

もちろん欲求の種類によっては、上手にコントロールしなければならないものもありますす。しかし、欲求にはエネルギーが詰まっています。理性ですべての欲求を否定したら、エネルギーそのものが失われてしまいます。

そう、エネルギーを持っているのは感性であり、理性にはエネルギーがありません。

豊かで恵まれている時代には、この理性が先行しがちですが、ビジネスの世界では最近、熱量が求められる場面が増えています。豊かではあるものの人口減少の進む日本では、高度経済成長時代以降に形作られた多くのビジネスモデルが賞味期限を迎え、転換期に入っています。

こうしていま、志を持ち熱量の多い起業家が、投資家から資金を集めて事業を立ち上げる、そんな時代になっています。投資家側が出資するかどうかを判断する際には、その起業家が事業に対し、どれほどの熱量を持っているかを見ています。大企業であっても、新規事業の領域では、熱量が要求されます。

アップルの創業者であるスティーブ・ジョブズ氏も、また「クレイジー」と呼ばれた人であり、熱狂を以て自らの事業にのめり込んでいきました。そんなジョブズ氏は、次のような名言を残しています。

「自分たちは世界を変えられると思ってしまうほどの狂った人間が、世界を変えることができる人間なのだ」

実際にアップルが生み出した「iPhone」は世界を変えました。創業者が狂ったように事業にのめり込み、その熱量に世界が巻き込まれていった事例だと思います。狂うことがいかにエネルギーを生み出し、人間にとって大切なことか、それがよく分かる事例です。

トヨタ、ソニー、ホンダ、パナソニック、そして京セラといった日本を代表する大企業もまた、創業者たちが熱狂を以て事業にのめり込み、大きく成長していきました。課題が山積している現代の日本――この国を動かしていくためには、熱量を持った人材をもっともっと育てていく仕組みを作るべきではないでしょうか。

感性から力を湧き上がらせる体験とは

「力は使命の観より発す」という言葉があります。私はこの言葉を高校ラグビーの名門・伏見《ふしみ》工業高校（現・京都工学院高校）を長年率いた山口《やまぐち》良治《よしはる》先生から教えてもらいました。

私は一三歳のときにラグビーを始め、高校三年の一七歳のときに徳島の弱小高校から高校日本代表の一員に選ばれ、オーストラリアへと遠征しました。その遠征のコーチが伏見工業高校に赴任して間もない山口先生でした。

桜のマークの付いた日本代表のジャージを着て、試合前のロッカールームで涙を流し、そのあとグラウンドに飛び出して命懸けで戦う……そんな熱いラグビーに、山口先生は出会わせてくれました。そして私自身が持つ可能性を見出し、「ラグビーに懸ける」という

高校日本代表の一員として前列で山口良治先生と並ぶ

夢を、私のなかから引き出してくれました。

人間、何かに対して最高の意味や価値を感じることができれば、「そのためにならば死んでもいい」と思えます。そして、そのことが、自分のなかから限界を超えた力を引き出してくれるのです。

「力は使命の観より発す」という言葉は、「このことのためなら命を使ってもいいと思えるからこそ力が生まれる」ということを意味しています。人間は感じる生き物です。最高の意味や価値を感じるからこそ、そのために死んでもいいと、命を超える使命が生まれ、力が生じるのです。

そして、ここで述べた見出すべき意味や価値は、誰もが感じるものではなく、自分だけが感じることのできる最高の意味や最高の価値でなければなりません。それを、いかに見つけて感じることができるかが大切であり、こうして意味や価値を感じることができれば、自然と力は湧いてくるものです。

使命を感じ取るのは感性の力です。そして、感性のなかから湧き上がるものがない人は、いつまでも他人から指示された通りに生きていくしかありません。感性のなかから沸々と湧き上がってくるもの、それが自分らしく生きていくためのベースになります。

感性論哲学の創始者・芳村思風《よしむらしふう》さんの、「生きるとは」という文章があります（「芳村思風 感性論哲学ホームページ」より）。

人間において生きるとは、
ただ単に生き永らえる事ではない。
人間において生きるとは、
何のためにこの命を使うか、
この命をどう生かすかということである。

命を生かすとは、
何かに命をかけるということである。
だから生きるとは命をかけるという事だ。
命の最高のよろこびは、
命をかけても惜しくない程の対象と
出会うことにある。
その時こそ、
命は最も充実した生のよろこびを味わい、
激しくも美しく燃え上がるのである。
君は何に命をかけるか。
君は何のためになら死ぬことができるか。
この問いに答えることが、
生きるということであり、

この問いに答えることが、人生である。

人間はもともと感性で使命を感じ取り、それを力に変える能力を持っています。これは学んで得るものではなく、先天的に備わっていたもの。ただ、自分で意識して、この感性から力を湧き上がらせる体験をしていかないと、自分らしく生きていくことはできません。

大切なことは、この湧き上がってくるもの、命を懸けていいと思えるものを、追い求め続ける姿勢なのです。まさに「求めよされば与えられん」であり、自分にしか分からない意味や価値を探し続けることこそが人生なのです。

力が湧き上がる体験をする「場」の重要性

自分しか感じることのできない意味や価値に出会うためには、感性を常に自由にさせておく必要があります。つまり、何かをするときには、英語でいえば「want to（～したい）」で動くということです。「want to」が「have to（～しなければならない）」になり、

「やらされている」と感じれば、感性に響くこともなく、出会いもありません。もちろん「have to」でやっているうちに面白さに気づき「want to」になることもあるでしょうが。

いずれにせよ、感性を言葉で定義しようとすると、その時点で感性ではなくなってしまいます。もともと感性とは自由なもの。そして自由とは、自由自在、すなわち自らに由《よ》って自らが在《あ》ることであり、泣きたいときに泣くことができ、笑いたいときに笑うことができる状態なのです。

このように、感性は素直です。理性が強すぎると周りの目を気にしたりしますが、理性で感性を歪《ゆが》めてはいけない、ということでしょう。

他人から見て「よく頑張っているなあ」と思うようなことでも、その人にしてみたら「好きでやっていることだから」と、苦労している実感がないことは、よくあります。これが「want to」で動くということです。

いまは自分の感性から力が湧き上がる体験がしにくい時代です。特に子どもを取り巻く環境は深刻。社会全体が、子どもが傷つかないように傷つかないようにと、過保護になっています。そして親は、「あれをしなさい」「これをしなさい」と先回りして、子どもをコントロールしようとします。

これでは「have to」で動くことが当たり前になり、「指示待ち人間」の大人にしかなりません。失敗してもいいので「want to」で何かのなかに飛び込み、そこにどっぷりと「浸りきる」――こうして初めて、湧き上がるものと出会うことが叶うのです。

そのために必要なものが「場」です。高校ラグビーでいえば、「花園ラグビー場」という全国大会の場があるからこそ、ラガーマンは皆、そこに思いを馳せる。その「場」に参加するため、仲間と共に涙を流し、日々の苦しい鍛錬を積み、そのなかで感性から湧き上がるものが生まれるのです。

これは、ラグビーに限ったことではありません。野球でいえば、その「場」は「甲子園球場」であり、音楽ならば登竜門といわれるようなコンクールがそれに当たります。

大切なのは規模や形式の大小ではなく、そこが意味や価値を見出せる「場」であるかどうかです。そうした「場」を作るという意味合いもあって、私は小学生ラグビーの全国大会である「ヒーローズカップ」を運営しています。

子どもの頃、一度でも感性から力が湧き上がる経験をしたことがあるかないかで、その後の人生の鮮やかさは、大きく変わります。「三つ子の魂百まで」といわれるように、幼少期の体験が、その後の人生の礎《いしずえ》となるのです。

子育て中のお父さんやお母さんは、子どもの周りにそうした「場」がなければ、それを見つけられるような環境を探し、そこに子どもを放り込んでやる必要があります。

本来、子どもは現在に浸りきって生きているものです。泣いているときは「泣き」の真《ま》っ只中《ただなか》にあって、ひたすら泣いていますが、お菓子をあげたり、おもちゃを渡したりと、何かのきっかけがあれば、「泣き」をばっさりと切って、笑顔になります。まさに「前後際断」であり、過去にとらわれることなく現在を生きているのが子どもなのです。

その子どももいつかは大人になり、その過程で体も心も成長していきます。しかし感性だけは、子どもの頃のままで変わらずにいたほうが良い部分もあります。

一九八〇年代にラグビーのフランス代表キャプテンを務めたジャン・ピエール・リーブ氏は、以下のような有名な言葉を残しています。

「ラグビーは少年をいち早く大人に育て、大人に永遠に少年の魂を抱かせるスポーツだ」

ラグビーは、そんなスポーツなのですが、感性の塊のようだった子どもも、大人になるにつれて頭に種々雑多な情報が入り込み、その結果、感性ではなく理性で行動するようになってしまいます。

するとと感性は弱まり、目から輝きが消えてゆきます……。

この目の輝きは、生きる力を表しています。目から輝きが消えれば、生きる力だって失われていくのです。

ドキドキしたりワクワクしたりする感性を失えば、生きることに対して鈍感になります。つまり、「私」が鈍《にぶ》くなっていくのです。

人間がどう生きたかは、何に対して、どのようにときめいたかで決まるといっても過言ではありません。そうした意味でも、先述のリーブ氏の言葉は含蓄のあるものと思えます。

セブン-イレブンの「獣勇」

さて、福沢諭吉《ふくざわゆきち》は「盲目社会に対するは獣勇《じゅうゆう》なかるべからず」と語っているそうです。「将来が見通しづらい、何が起きるか分からない一寸先は闇の時代には、獣《けもの》の勇気を持って前に進みなさい」という教えだと思います。

獣は、何も考えていません。何も考えていないからこそ、迷いが生じることもない。ところが人間は、頭を使って考えます。でも、考えれば考えるほどに迷いが生じる。また、ひとたび迷えば、踏み出す一歩が出にくくなります。そうして行動することをやめてしまえば結果を得ることはできませんし、生きた証《あかし》も生まれない。実は、行動しないことこそが、最大のリスクなのです。

人間には「時の観念」があるという話をしました。しかし獣には「時の観念」がありません。すなわち獣は「いま」「いま」「いま」と生きているわけです。獣が「昨日は良い一日だったなあ」とか「明日も獲物にありつければいいなあ」などと考えているとしたら、それはアニメの世界です。

獣は「いま」「ここ」をひたすら生きています。一方で人間は「昨日は飲みすぎてしまった」「あのとき甘いものを食べなければ」などと過去のことを憂えて、「明日は株価がどうなっているだろうか」などと未来を不安に感じながら生きています。つまり、人間の不安や後悔は、「時の観念」が作り出しているわけです。

だからこそ、「いま」「ここ」ということを意識しながら日々を過ごさなければなりません。

しかし「時の観念」に関わる能力があるからこそ、人間だけが未来を想像することが可能であり、夢や希望に向かって動くことができるのも事実です。ここに人間の面白さがあります。

このため「時の観念」を使って未来に夢を描き、その夢に向かって「いま」を生きることができれば、その人の生き方は鮮やかさを増します。そして「いま」を生きるには、小賢《こざか》しいことはせずに、とにかく必死に、がむしゃらに生きることが大切です。しかし、それには方向性が必要となり、ここで「時の観念」を使います。

人間が生きているのは現在という点であり、過去も未来も現在を起点にした記憶やイメージに過ぎません。夢を描き、そこに向かう未来をイメージすることで、自分が目指すべき方向性を決めることができます。しかし実際には、過去の記憶をもとにして方向性を決めている人が、ほとんどだと思います。

こうして過去の記憶を基準に方向性を決めてしまうと、新たな夢を抱いたとしても、「どうせ実現しないだろう」などと、ネガティブな方向性で判断しがちです。するとチャレンジもしませんし、成長することもできません。現状維持ができればまだしも、衰退するしかないでしょう。

企業も同じだと思います。なかなか新規事業が育たないのは、過去の記憶を基準に方向性を判断しているからです。これまでやったことがない領域の事業が新規事業となるわけですから、過去の記憶を基準に方向性を判断すれば、いつまで経っても「どうせ実現しないだろう」と考えてしまい、事業は大きくなりません。

一九七三年、日本初のコンビニエンスストア事業を展開する「セブン-イレブン・ジャパン」を立ち上げた鈴木《すずき》敏文《としふみ》氏は、周囲の「アメリカに倣《なら》った店舗形態は時期尚早《しょうそう》だ」という声を前に、「だからこそやるのだ」といい放ったそうです。その当時に隆盛を誇っていたイトーヨーカドーのような大規模店舗を、敢えて否定して行った決断でした。

過去の記憶をもとに「どうすれば失敗しないか」を考えると、「そもそもチャレンジしないほうが良い」と判断しがちです。過去の記憶ではなく、未来の夢を基準にして、「夢を達成するにはどうすれば良いのか」「そのために足りない部分は何なのか」を考える必要があるのです。

セルフイメージを自己肯定的なものに書き換える方法

人間が持つ特徴であり、その人の人生を左右するものに、「習慣」があります。脳は消費エネルギーが大きいので、省エネのため、何も考えずに行動できるよう、その動作プロセスを自動化したほうが効率的。そのため生まれるのが、習慣です。つまり、習慣とは無意識の行動であり、潜在意識のなかに刷り込まれているものなのです。

こうした性質を持つ習慣は、反復して行われることで固定化され、いつしか、その人と切り離せない存在になってしまいます。脳科学的に、習慣は、記憶の集積を指すということです。

何度も何度も繰り返し反復された思い、あるいは行動は、その後、長期記憶になり、消すことができなくなります。こうして習慣化されると生活リズムに自動的に組み込まれるため、脳は毎回考える必要がなくなり、効率が良くなります。

たとえば朝、歯を磨いて顔を洗うことが習慣化されていれば、起床すると自動的に「歯を磨いて顔を洗う」という回路が作動し、脳はいちいち考える必要がなくなります。そして習慣として定着していくにつれ、行動と結び付いた神経経路は、どんどん太く強くなっていきます。

ところが習慣には、良いものと悪いものがあります。どちらも自覚はありませんが、良い習慣は良い結果を生み、悪い習慣は悪い結果を生んでいきます。

というのも、人間の習慣は、行動を繰り返してきたその人の意思によって作られ、運命もその行動の結果として作り出されていくものだからです。ゆえに悪い習慣を即座にやめて、良い習慣に切り替えていかなければなりません。

また、人間は誰でも潜在意識のなかに、「自分はこんな人間である」という自身のセルフイメージを持っていますが、このセルフイメージには、自分を肯定したものか否定したものか、その二つしかありません。

ドイツの哲学者、フリードリヒ・ニーチェの言葉に、「自分を過去の末裔《まつえい》であるという迷信を忘れるのだ。未来の生を思い巡らせば、工夫《くふう》し、発明すべきものが限りなくある」というものがあります。

時間は「過去から流れてくるもの」ではなく、「未来から流れてくるもの」なのです。ついつい私たちは、「過去があって未来がある」と考えがちですが、船に乗っていて、景色が前から流れてくるのと同じように、過去がどのような過去であっても、時間は未来から流れてくるのです。

そのため、前から流れてくる未来に対して夢や理想をイメージすることができるのか、それとも、未来に背を向けて過去の記憶に縛られて生きるのか、こうした意識の違いだけで、人生は大きく変わります。

人間は、過去の記憶を積み重ね、すなわち潜在意識のなかに刷り込まれた習慣の檻《おり》のなかで生きています。そして習慣による行動の結果、現在の自分のセルフイメージが作り上げられます。

ただ、悪い習慣の反対にある良い習慣を身に付けて、自分がなりたいワクワクする「want to」の未来を先取りすることによって、セルフイメージを自己肯定的なものに書き換えることができます。すなわち、新しい人格を得て、新しい運命を作っていくことができるのです。

感動こそが力を統合し爆発させる

これまで集中するための技術について説明してきました。ラグビーのロッカールームでは、それぞれが試合に「浸りきる」準備をしながら、試合に出るメンバー、控えのメンバー、チームスタッフなど、チームに関わる皆が、進むべき方向性を一つにまとめ上げます。

相手の選手がボールを持って突っ込んでくると分かっていても、それを頭で理解しているだけでは、タックルには入れません。やはり「力は使命の観より発す」……タックルに入るためには、使命感が必要になります。どのような意味や価値をラグビーに、そして自分のチームに見出すかが重要であり、人は感じるからこそ動き、力は感動からこそ生まれるのです。

テレビのラグビー中継で、ロッカールームから出てくる選手を映すことがあります。なかには目に大粒の涙を浮かべている選手がいます。ときには大泣きしながら出てくる選手もいます。チームや試合に対して大きな価値を感じ、「命を使ってもいい」と感動するからです。

そして、このときの感動は、統合を生み出します。感動によって、ロッカールームで皆の気持ちが一つになれば、彼らの熱狂も統合され、爆発的な力が生み出されるのです。すると試合では、感動が人間とボールを一つにします。ボールには皆の魂が込められ、仲間から仲間へと受け渡され、相手陣のインゴールを目指すのです。

ボールと選手が一つになった最も典型的な瞬間は、二〇一五年のラグビーワールドカップ……その南アフリカ戦における逆転トライを思い出していただければと思います。チーム全員で勝ち取ったボールをパスでつなぎ、相手陣のインゴール近くでフリーになった選手にパス……「これでトライだ」と放たれたボールには「頼む」「落とすなよ」「絶対にトライを取ってくれ」と、チーム全員の思いが込められていました。

そのラストパスのボールには、パスを放った選手や試合に出場しているメンバーだけではなく、ベンチにいる控えのメンバー、コーチやチーム関係者など、これまでチームに関わってきた人たち、スタジアムやテレビの前で日本代表を応援していた人たちの思いが込められていました。

感動が統合を作り、一つになるからこそ、すべての力を発揮する「全機現《ぜんきげん》」というエネルギーの爆発が起こる。感動こそが力を生む。その最たる例でした。

心の奥底にある「真我」とは何か

しかし理性が勝ちすぎると、感性を歪《ゆが》めます。本来、理性と感性は、同列に並べるべきものではないのです。

人間の根本にあるのは感性です。理性は物事を合理化するための一つの機能に過ぎません。人間は理性をなくしても死にませんが、感性の働きがなくなり、瞳孔《どうこう》が反射しなくなったとき、死ぬのです。

すると、感性は命そのもの、私そのもの。もちろん理性も重要な役割を果たしているのですが、「感性から湧き上がる欲求を社会に役立てる」――こうした目的のために使うべき機能なのです。

人間は「肉体」と「意識」でできています。この意識には「顕在意識」と「潜在意識」がある。心理学者のカール・グスタフ・ユングは、そのさらに深い部分に、「集合的無意識」があると指摘しています。

この集合的無意識は「宇宙意識」ともいわれ、国や民族を超え、人類全体に共通して存在するものといわれます。古代から伝わる神話や伝説、あるいは芸術、そして個人が見る夢のなかに、国や民族に関係なく共通するものがある。そのため、人類の心のなかに脈々と受け継がれてきた意識ではないか、といわれています。

たとえば、自分の目で自分の目を直接、見ることはできません。手や足は見ることができますが、顔を見ることはできません。そこが肉体の限界なのだと思います。

ただ、「私」という存在は必ずそこにあるということは、しっかり認識できています。そんな肉体を超える意識を、人間は、誰もが持っているのです。

そして「私」のなかの潜在意識の奥にさらに分け入り、真っさらな心になったとき、両親や先祖への感謝の念が湧き上がり、人としての良心や真善美を追究する心に出会うことができます。

その部分を「真我」という人もいます。京セラやＫＤＤＩを創業し、経営破綻《はたん》した日本航空を立て直した稲盛和夫《いなもりかずお》さんも、「真我は心の根源、宇宙と一緒の根源であり、真善美に通じるもの。そこで物事を判断すれば間違えることはない」と述べられています。

この場合の判断とは、潜在意識に到達するほどのめり込んで集中すること。さらにその先の真我までたどり着いたときに、初めて神の啓示のように降りてくるものだと思います。

緊張と緩和――集中する技術をビジネスに活かすため

ここまでラグビーとは「非日常」であり、ロッカールームとは、非日常と日常をつなぐ「間」であって、集中を作る「場」であるという話をしてきました。ではラグビーをしていない人にとって、どこからが非日常になるのでしょうか。

普段の仕事を「非日常」と定義すると、これはとても、しんどいような気がします。非日常がずっと続くようなことになれば、どこかで心がポキッと折れてしまいかねません。アスリートの場合なら、グラウンド外でも非日常を続けてしまい、結果、記録が伸びなかったり勝てなかったりした場合、日常生活でも悩み続けることになるでしょう。下手をすれば、そのことを悩み、自ら命を絶ってしまうケースだってあるのです。

大切なのは、非日常と日常をつないで行ったり来たりしながら、非日常で得た体験を日常や社会に持ち出して、それを活かすことなのです。

日常生活で人は、組織のしがらみ、肩書きや地位など、複雑な人間関係の真《ま》っ只中《ただなか》にいます。それに対し、自分自身を守るための構えを作り、日々の生活を送っている。これが日常です。

一方、ビジネスでも非日常といえる瞬間があります。大事なプレゼンや商談といったものがそれでしょう。このとき、非日常に入る瞬間に、過去の経験など忘れ、感性でその場に「浸りきる」――そんなことができれば、大きな成果を上げることができるでしょう。

そのためにも、日常と非日常、すなわち緩和と緊張、この部分をコントロールするためにロッカールームが必要です。それはビジネスの場でも当然、重要になります。

ロッカールームは単なる更衣室ではありません。集中するための「場」なのです。ですから、その気になれば、自分のデスクでもトイレの個室でも、どこにでも自分用のロッカールームを作ることは可能です。

こうして得たロッカールームでは、非日常に入るためのスイッチを入れ、集中モードに切り替える。そのためには、スイッチを切り替えるための「ルーティン」を作ることをお勧めします。

第3章

キックオフ

——心に火を点ける技術

信じることを前提にするのがラグビー

ラグビーで試合時に着るジャージは、特別な意味や価値を持ちます。自分たちのジャージは、チームや学校、あるいは会社への誇り、そしてプライドを表すものだからです。チームによっては、試合に出るレギュラーメンバーの発表時に、監督が一人一人に声をかけながらジャージを手渡していきます。塩でジャージを清めるチームもある。これらの「儀式」をキックオフの前に行い、心に火を点《つ》ける準備をするのです。

こうしてジャージを手にした選手は、涙を流し、嗚咽《おえつ》を漏らします。儀式のようなジャージの授与式を経ることで、選手はその価値をさらに重く受け止めるのです。

ジャージへの意味や価値は強豪校ほど強烈です。たとえば赤と黒のジャージの早稲田大学では、レギュラーになることを「赤黒を着る」といいます。

このように各大学のジャージは、それだけで各チームのシンボルとなっており、明治大学であれば「紫紺《しこん》」、私の母校の同志社大学は「紺グレ」などとラグビーファンに呼ばれています。ジャージは試合後にチームに返還されますが、次の試合までのあいだ、人目に触れないよう、大切に保管されます。

このジャージの意味や価値は、現在そのチームに所属している選手だけで作り上げるものではありません。チームが長年のあいだ培《つちか》ってきた歴史、伝統、プライドなど、さまざまな要素や思いが込められたものがジャージなのです。

そのため、このように意味のあるジャージの価値を軽んじる選手には、活躍が期待できるはずもありません。

大学1年時に「紺グレ」のジャージを目指す著者

ジャージは、まさに使命感の象徴。ジャージに意味や価値を感じ取った選手たちが、その思いをボールに託し、仲間とつなぎ、相手陣のインゴールまで運ぶ……それがラグビーというスポーツなのです。

このように、自らの思いが託されたボールを仲間に託すのですから、そこには絶対的な信頼感が必要です。しかし「信じる」という行為は、口に出すのは簡単ですが、たとえ仲間であっても信じきるのは非常に難しいことです。

人間は不完全な存在であり、完全な人間など、どこを探してもいません。その不完全な存在である人間を信じろというのは合理的ではありませんし、理に適《かな》いません。

ラグビーでは、自分が体を張って相手から奪ったボールを仲間にパスした際、それを受けた選手が前に落としてしまえば、「ノックオン」という反則になります。すると相手ボールになってしまうのですが、それを怖れて一人でボールを保持し続けても、トライを奪うことはできません。ラグビーのグラウンドを誰にもつかまらずに一人で走りきることは、まず不可能なのです。

自分が相手につかまりそうになれば誰かにパスをする、そのためには仲間を信じる、それがラグビー。すなわち、信じることを前提にしないと成り立たないスポーツなのです。

自分に託されたものを感じる力

ラグビーには、キックオフの前に、「自分は何を託されているのか」を感じる力も大切です。試合で仲間同士つないでいくものはボールですが、それぞれの思いがボールに託されている。そこに託されているのは、これまでのチーム作りのプロセスだったり、チームに皆がかけてきた熱量だったりします。

このチーム作りのために厳しい練習を積み、長い月日を共に過ごしながら、レギュラーメンバーと認められた証《あか》しであるジャージを着るために競い合うわけです。

このとき、「自分は何を託されているのか」を感じる力が大切です。

では、託されているものとは何か？　これまでのチーム作りの過程で各自が放出してきた熱量です。

しかし、試合メンバーになることができた者とできなかった者、そこには必然的に、一本の線が引かれます。そして、その線を乗り越えることができるのは、各自の「思い」が存在するからなのです。

それは試合でボール持っている選手と持っていない選手も同じです。当たり前ですが、ラグビーでは、ボールを保持している選手だけがトライを奪うことができる。すると、ボールを持っている選手とそうでない選手のあいだにも一本の線が引かれます。その線を乗り越えるものこそが「思い」なのです。

この「思い」は託し託されるもの。ジャージを着ることができた選手は、それを着ることができなかった選手から何を託されてジャージを着るのか。そして、ジャージを着て試合に出る選手はボールに何を託して仲間にパスをするのか。また、トライを決めた選手はボールに何が託されたと思ってトライをするのか。こうしたことを全員が感じ取っているチームとそうでないチームのあいだには、歴然とした差が生まれます。

私にとって、その「思い」の頂点にあるものこそが、日本代表の桜のジャージでした。桜のジャージには最高の価値があり、なによりも優先されるものであり、体を張って命懸けで守りきらねばならないものでした。それは日本代表のプライドでもあります。そのため桜のジャージを着たからには、少なくともノーサイドの笛が鳴った瞬間に、すべてを出し尽くし、ばたりと倒れるような試合をすることを心に誓っていました。

自分たちのジャージに重みを感じ、ボールに託されているものを感じなければ、力など出せるはずがない。こうしたことの意味や価値は目に見えるものではありませんが、見えないものこそが大切であり、だからこそ、心に火を点けるのです。

逆にいえば、こうした意味や価値は、プレッシャーにもなります。

最近では、プレッシャーから逃れよう、プレッシャーをかけることはやめようという風潮がありますが、プレッシャーを感じるということは、それだけの役割が与えられたとい

1986年の対イングランド戦で桜のジャージをまとい
アン王女と握手する著者

うことです。

　スポットライトが当たっていることに誇りを感じ、プレッシャーを力に変えていかねばなりません。

　そうしてプレッシャーを力に変えることができたときに、初めて使命感が生まれるのだと思います。

　このような意味や価値を感じ取ることができただけで、「自分にしかできないことだ」と意気に感じ、そこで感性に火が点きます。「感応道交《かんのうどうこう》」という言葉がありますが、心や感性に火を点けるには、それぞれに感じ合ったり伝え合ったりすることが、どうしても必要なのです。

「優しいヤツしか強くなれない」

これも伏見工業高校の総監督・山口良治先生に教えてもらった話ですが、試合前のロッカールームで、試合に出るメンバーに対し、こんな話をするのだそうです。

「いつも一緒に練習してきた仲間がいただろう。暑い日も寒い日も雨の日も雪の日も、いつも一緒に練習してきた仲間がいただろう。でも、今日、ジャージを着ることができたのはお前たち一五人だけだ。

今日、ジャージを着ることができなかったお前と同じポジションのヤツが、スタンドでお前のプレーを見守っている。お前と同じポジションのヤツがお前にどんなプレーをしてほしいのか、それが分からないヤツに、いいプレーなんかできるわけがない。

いいか、一番大切なのは、自分のことと同じように人のことを思いやれる心を持った人間になることだ。だから、優しいヤツしか強くなれないのだぞ」

こう伝えてから、選手をグラウンドに送り出すのだそうです。

一五枚のジャージを着るために共に競い合い、ジャージを着ることができずにスタンド

山口良治氏（右）と著者

でチームのことを応援している仲間に思いを馳せ、「あいつの分も戦う覚悟」ができるかどうかで、試合におけるパフォーマンスが決まる——。

それは試合に向けた心構えだけではありません。パスについても同じことがいえるでしょう。すなわち、相手がボールをキャッチすることができなければ、ただボールを投げているだけ。パスではありません。どこにパスをしてほしいのか、どの程度の強さのパスならば捕ることができそうなのか……このように相手のことを思いやり、ボールを投げるからこそ、パスは成立するのです。

「優しいヤツしか強くなれない」——本当に的を射た言葉だと思います。

勝ち続ける難しさを説く「野鴨の教え」

人間は厄介《やっかい》な生き物です。勝利を重ねていくうちに、ジャージに込められた意味や価値、あるいは感動を、少しずつ忘れていってしまうこともあるのではないでしょうか。

たとえば神戸製鋼ラグビー部は、一九八八年度から全国社会人大会と日本選手権を七連覇しましたが、すると次第に、チームのなかに「今年も勝てるのちゃうの？」というような士気の淀《よど》みが生じてきました。

そんな慢心は持ってはいけないことを、選手は百も承知しています。ただ周囲が、だんだん「今年も勝てる」とチームを見るようになり、すると選手のなかにも勝てて当たり前という気持ちが芽生《めば》えます。そして負ける悔しさ、あるいは勝つ喜びが次第に薄らいでいき、感動がチームから失われていくのです。

一九九五年度のシーズン、神戸製鋼の連覇は「七」で止まります。全国社会人大会の準決勝、サントリー（現・東京サントリーサンゴリアス）との試合は二〇対二〇で引き分けだったのですが、トライ数の少ないチームは次のステージに進めないという大会規定により、私たちの連覇は途絶えました。

試合後、サントリーのロッカールームからは「うわあああ」という歓喜の声が聞こえてきました。この声を聞いたとき、「なぜ神戸製鋼はこの試合に勝てなかったのか」を、私は理解しました。

神戸製鋼は七連覇しながら勝ち続けるなかで、いつの間にか勝つ喜びを忘れ、負ける悔しさも分からなくなり、一番大切にしなければならない「感動」を鈍らせていたのです。チームの力は感動こそが生むはず。それなのに感動を失えば、力を出すことなどできません。連覇が止まるのも当然でした。

「野鴨《のがも》の教え」という話があります。北欧デンマークのジーランド地方の湖に、毎年、鴨が飛来します。そこに、いつも餌を用意して待っている老人がいました。すると食べ物に恵まれた鴨たちは、いつしか次の湖へ飛び立つ必要がないと思い、湖に棲み着くことになりました。

しかし、ある年、その老人が死んでしまいます。餌を与える人がいなくなったのですから、鴨は、餌を探すため次の湖に向けて飛び立たなければなりません。ところが、野生ではなくなってしまった鴨たちは、まるでアヒルのように肥えて、羽ばたいても飛べなくなっていました。かつては何千キロもの距離を飛んできた鴨たちでしたが、羽ばたく力はおろか、水面を助走する力も失っていたのです。

そんなある日、春の雪解け水の濁流が湖に流れ込んできました。ほかの野生の鳥は羽ばたいて飛び立ったり、あるいは岸に避難したりするなどして難を逃れたのですが、飼い慣らされて肥えた鴨たちは、なすすべもなく激流に押し流され、死に絶えてしまいました。

これはデンマークの哲学者、セーレン・キェルケゴールの「野鴨の教え」という話なのですが、安楽という名のぬるま湯に浸っていると力を失う、という教えです。

この「野鴨の教え」をマネジメントに活用しているのが、アメリカのＩＢＭ社です。

「ビジネスには野鴨が必要なのです。そしてＩＢＭでは、その野鴨を飼いならそうとは決してしません」

一九五九年、当時のＩＢＭ会長だったトーマス・ワトソン・ジュニアは、このキェルケゴールの書物を引用し、困難に立ち向かう渡り鳥の精神こそ、ＩＢＭの社員には必要であると説きました（『ＩＢＭ１００年の軌跡』ＩＢＭより）。

どんな組織にも「野鴨の教え」は当てはまります。組織が崩壊するときは、外敵に滅ぼされるのではありません。感動を失い、原点を見失ったときに、内部から崩壊していくのです。

　このように人間の衰退は、感性が摩耗することによって生じます。サントリーと引き分けて八連覇を達成できなかった神戸製鋼の最大の敗因は、感性の摩耗だったと確信しています。

「お前らのプレー、心に刺さらないやないか！」

　八連覇を逃した神戸製鋼は、このあと、優勝からどんどん遠ざかっていきます。大事な試合でも、無惨に負け続けるようになりました。

　私は八連覇を逃した年に引退していましたが、必ず後輩たちの試合を観にいっていました。その当時の神戸製鋼には大学ラグビーで活躍していた選手が次々と加わり、簡単に負けるようなチームではなかったはずです。ところが実際の後輩たちのプレーは、まったく心に刺さってこない。高校生の全国大会、花園での試合のほうが、よほど私の胸をときめかせました。プレイヤーの「思い」がダイレクトに伝わってくるからです——。

　神戸製鋼が無残に負け続けて五年目のシーズン……全国社会人大会の三週間前に初優勝

時のラグビー部長に誘われ、現役メンバーとV1メンバーとで、クラブハウスにおいて焼き肉パーティをすることになりました。その年も現役チームの試合を観にいっていましたが、試合内容は芳《かんば》しくありませんでした。

せっかく誘われた焼き肉パーティでしたが、久々に訪れたグラウンドの懐かしさも手伝って、私はすぐにはクラブハウスに入りませんでした。グラウンドに着くと、まず北東の隅っこにあったプレハブ小屋を見に行く。このプレハブ小屋は、私たちが着替えていた場所です。当時はクラブハウスなどのような立派な建物もなく、その小屋で着替えていました。しかし、そのプレハブ小屋は、跡形もなくなっていました。

焼き肉を食べビールを飲んでの楽しいパーティでした。そして一人ずつ後輩たちに激励の言葉を贈ることになり、私もマイクを握って話をしました。しかし、後輩たちへのもどかしさもあって、私の言葉は少しきついものになってしまいました。

「今日、俺はこのグラウンドに着いて、すぐにはクラブハウスに入ってこなかった。北東の隅にあったプレハブ小屋を見に行ったんだ。いまは恵まれている、こんな素晴らしいクラブハウスがあるから。そして緑の芝生が覆うグラウンドもある。

でも俺たちの頃は、土のグラウンドに石ころも転がっていた。グラウンドの隅には鉄パイプにセメントをくっつけたウエート器具なんかが置いてあったっけ。そして俺が神戸製鋼に入った一七年前は、練習に一五人が集まらない日もあった。ただ、そんななかでも、俺たちは日本一を目指していたぞ。勝ちたかったよ。負けたら悔しかったよ。このチームを愛していたんや」

熱く語りかけた私の言葉を、ほとんどの選手は真剣に聞いてくれました。ところが、一人の選手がニヤッとしたのが見えました。私はそれが許せませんでした。

そこで、「お前らのプレー、一つも心に刺さらないやないか！」と、目の前にあった机を蹴り上げました。

初優勝で勝つ喜びを
爆発させた瞬間

私がここで伝えたかったのは「原点回帰しよう」ということでした。チームを強くしていく過程で「日本一になるのだ」と皆に訴え、その目標をチーム全員が共有した、そんな原点となるミーティングがあったからです。

このミーティングのことは知らなくて

も、初めてボールを持って走ったとき、ラガーマンは心の底から湧き上がるものを感じたはず。親からスパイクを買ってもらったとき、スパイクを脱ぎたくないと思ったはずです。そんなラグビーに対する純粋な思いをどこに置き忘れてしまったのだ、という話でした。

初めて優勝したときの部長も同じ気持ちだったと思います。だからこそ、初優勝時のメンバーを集めたのでしょう。神戸製鋼ラグビー部は、このとき、初優勝時に戻らなければなりませんでした。そう、七連覇がスタートするキックオフの瞬間に——。

勝つ喜びや負ける悔しさを失えば、チームは力を失います。まさに「野鴨の教え」であって、恵まれた条件や勝ち続ける環境が当たり前のことだと思うようになれば、羽ばたく力は失われてしまうのです。

このあと全国社会人大会が始まってから、神戸製鋼は見違えるような試合運びをしました。もちろん選手が頑張ったのですが、スタッフも原点回帰に向け、選手をもり立てたのだと思います。

そのシーズンはちょうど、阪神・淡路大震災から五年目。全国社会人大会の決勝の相手は、奇《く》しくも神戸対決となるワールドでしたが、見事、勝利しました。

もちろん、勝てなかった時代に私たちが初優勝に至った過程と同じように、現役選手、特にチームリーダーは、苦しんでいたと思います。表彰式では、当時のキャプテンだった増保《ますほ》輝則《てるのり》が、その前年のキャプテン小村《こむら》淳《あつし》に、賞状の授与を譲りました。ぽろぽろと涙を流しながら賞状を受け取る小村の姿を目《ま》の当たりにして、私も初優勝時に賞状授与を平尾誠二から仰《おお》せつかったことを、懐かしく思い出しました。

胸に突き刺さったラグビー部長の言葉

私がラグビーに対し、心底、本気で臨んだのは、なかなか勝てずにキャプテンを降りた翌シーズンのことでした。監督制を廃止し、コーチの人にも退いてもらい、キャプテンを中心にしたリーダー制でチームをまとめていく――キャプテンだった私は、こうしたチーム改革を進め、組織を変えていきました。

しかし当時の組織は、キャプテンである私がプレーに体を張り、練習時には力を出しきって、チームメンバーにその姿を見せる、そうしたことで成り立っていました。ところが、その頃の私は、かなり膝の状態が悪くなっていたのです……。

ロックからプロップへのポジション変更もありました。これは、いま振り返ると、間違った判断だったと思います。私自身、日本代表として最高のロックだったという自負がありました。しかしキャプテンとして、プロップに転向することで勝てるのであればと、ポジション転向を受け入れることにしました。

ただ、自分がイメージしているようなプレーはできませんでした。加えて、プロップはスクラムの最前線で相手と組み合うポジションなので、膝への負担も大きくなってしまいました。結果、ロックのときのように、グラウンドを縦横無尽《じゅうおうむじん》に走ることもできません。日本代表のキャプテンも務めていた私の膝には負担がのしかかり、水が溜まるようになってしまいました。

すると練習で、フィットネスのタイムトライアルをメンバーに課しながら、肝心《かんじん》の私が自分で設定したタイムを切ることができません。その結果、チームがうまく回らないときに反発はコーチに向かうものですが、彼らが存在しない神戸製鋼では、それがすべて私に向かってきました。

しかし、この組織を作ったのは私です。チームの状況に関しては、さまざまな葛藤《かっとう》も抱えていましたが、批判も反発も、すべてを受け入れることにしました。それもこれも勝てると信じてやっていたからですが、まさに「負けに不思議の負けなし」……ついに優勝することはできませんでした。

私はそのシーズンでキャプテンを降り、平尾誠二を後継に指名しました。この時点で「俺の夢は終わったな」と思っていました。「一生懸命やったけれども勝てなかった」という思いもありましたが、チームの運営がうまくいかず、チームメンバーの気持ちが信じられなくなっていました。

しかし本当のことをいえば、私自身がチームメンバーの信頼を失っていたのだと思います。キャプテンが信頼を失ったのであれば、辞めるしかありません。このときはキャプテンだけでなく、ラグビーそのものもやめようかと思いました。ラグビーをやめようと思ったのは、後にも先にもこのときだけです。

そして、会社も辞めて故郷の徳島に帰ろうとも思いましたが、さすがにそれは許されないので、チームには残ることにしました。ただ、ラグビーに対する気持ちも冷めてしまっており、膝の調子も悪い……日本代表メンバーからも外れてしまいました。

こうして秋になり、またシーズンが始まって、試合にも出場しましたが、一試合を終えると膝には水が溜り、パンパンに腫《は》れ上がってしまいました。そのため一週間に一度は練習を休み、膝の水を抜き、しかし試合に出ては水が溜まり、こうしたことを繰り返したシーズンになりました。

そうこうするうち、当時のラグビー部長だった平田泰章《ひらたやすあき》さん（その後、神戸製鋼所副社長）に呼ばれ、こういわれました。

「林君、君はこのままラグビーをやめてもええのか」

私は黙っていました。ふて腐れていましたし、腹のなかでは、「うるさい、やかましいわ」と思っていました。そんな私に、部長はこう続けました。

「林君、このままラグビーをやめるなんて、失礼だとは思わないか。君にラグビーを教えてくれた中学の先生、高校の先生、そして同志社大学の岡仁詩《おかひとし》先生に対して、失礼だと思わないのか」

この部長の言葉が私の胸に突き刺さりました。それまで私は頭のどこかで、自分一人でラグビーが上手になったと思っていました。しかし実際は、いろいろな人との関わりのなかでラグビーを学んできたのです。私に対し一生懸命にラグビーを教えてくれ、そんな私の好プレーを期待しながら観てくれている人たちの存在がある。そうした人たちに対して感謝することを、忘れていたのです。

平田さんの言葉でもう一つ、よく分かったことがあります。それは、「いまの俺にはラグビーこそが重要だ」ということ。気持ちが腐りかけていた私が、あのままラグビーをやめてしまったら、ラグビーを恨むことになっていたかもしれない、ということです。

「もう一回やろう」――私の心に火が点きました。いわば、私の第二のラグビー人生のキックオフです。腹をくくった私の表情を見て、平田さんは、「会社には俺が話してやる、林君は、できることのすべてをやってほしい」といってくれました。

神戸製鋼の転機となった試合

こうして私は、リハビリを始めました。左膝は、前十字靱帯《じんたい》と後十字靱帯が切れ、内側靱帯が伸びきっていました。そのため走ればすぐに水が溜まるような状態でしたが、いろいろなトレーナーと話し合った末に、リハビリのメニューを組んでもらいました。

こうして本気になると、それまでの三倍くらい練習ができるようになりました。酒も断ち、腹いっぱいになるまで食べるのもやめました。

断裂した靱帯を接合することはできないので、靱帯を支える膝周りの筋肉を鍛え上げました。膝への負担を減らすため、体重も七〜八キロ絞りました。

そうして毎朝、神戸市のポートアイランドにあるアシックスの本社に行き、研究開発中のトレーニングマシンを借りて、膝周りの筋肉を徹底的に鍛えました。筋肉強化のあとは、比較的に軽い負担で自転車を漕ぎ、その後は自転車を使ったインターバルトレーニングでフィットネスを高めました。

平田さんが会社に話を通してくれたお陰で、会社に出社するのは昼からでも大丈夫でした。そして夜はフィットネスクラブに行き、また一時間ほど自転車を漕いだあと、ウエートトレーニングを行いました。

その後は水泳。私はクロールが苦手で、五〇メートルを泳ぐのがやっとです。しかし、五〇メートルを泳ぐようなメニューが何十本もありました。すると脈拍が一七〇〜一八〇まで上がり、心臓が破裂しそうでしたが、私は一ヵ月、このメニューをやり抜きました。

そうしてチームに合流できたのは、全国社会人大会が始まる一週間前でした。結果、この全国社会人大会を勝ち抜き、神戸製鋼は初優勝を遂げることができたのですが、関西社会人リーグでは二敗するなど、本当にチーム全員で綱渡りをしているような一年でした。

のちに平尾と対談する機会があり、私が「綱渡りのようだったな」と話したところ、平尾も「あ、林さんも綱渡りみたいだと思っていはったんや」と頷《うなず》いていたのが印象的でした。平尾もギリギリのところでチーム運営をしていたのでしょう。

私がキャプテンのときに一つずつ積み上げていったものが、なかなか勝つことができずに崩れかけ、平尾がキャプテンを継いだあともその状況は変わらず、何かの拍子にバラバラになってしまうような危機感がありました。

先述の通り、当時の社会人ラグビーでは、奪った反則でペナルティゴールを積み上げる戦い方が全盛の時代でした。そうしたなかで神戸製鋼は、ボールを空いているスペースに動かす展開ラグビーを目指しました。

当時、この戦い方は、どのチームも採っていません。ボールを人に合わせて投げるのではなく、空いているスペースにボールを投げて、そこに人が走り込んでいくようなラグビーです。

平尾の頭のなかには、この「スペースにボールを運ぶラグビー」の明確なイメージがあったのでしょうが、すべての選手に浸透していたわけではありません。「なんとなく、こんな感じかな」という状態が続くなか、全国社会人大会二回戦では優勝候補の三洋電機（現・埼玉パナソニックワイルドナイツ）と当たりましたが、勝利することができました。しかも、ただ勝つだけでなく、「スペースにボールを運ぶ」ことがピタリとはまりました。それまでイメージできていなかった戦い方を全員が共有した結果です。

当時のメンバーに神戸製鋼の転機となった試合を三つ挙げてもらったとしたら、ほとんどの人が、その一つとしてこの試合を挙げます。そんな、神戸製鋼の七連覇の起点となった試合でした。神戸製鋼も私も、さまざまな困難を乗り越えて決めた初優勝だったのです。

感謝の気持ちこそが心に火を点けた

坂村真民《さかむらしんみん》さんという詩人がおられます。その坂村さんには『本気』という詩があります（『坂村真民一日一言』致知出版社）。

本気になると
世界が変わってくる
自分が変わってくる

変わってこなかったら
まだ本気になってない証拠だ
本気な恋
本気な仕事
ああ
人間一度
こいつを
つかまんことには

私はキャプテンを降りた年、自分が変わりました。こうして自分が変わることで、周りの世界も変わりました。先述の通り、これが第二のラグビー人生のキックオフとなりました。

これまでは、しんどいことをやっていると思いながら、実はやりきっていなかったのだと思いました。しかし、私が体を一から作り直し、果敢なプレーをして見せることで、皆に自分の本気を知らしめることができました。こうして、しんどいことをやりきった私は仲間からの信頼を取り戻し、ゆえにチームの皆が後押ししてくれて、初優勝の賞状を受け取りにいくことができたのだと思います。

やりきることができたのは、私の心に火が点いて、本気になったからだと思います。そして、心に火が点いたのは「感謝の気持ち」を持つことができたからなのです。

「人間は一生のうちに会うべき人には必ず会える」

「感謝」は、もの凄い力を秘めています。これが心に火を点《つ》けるのですが、それはビジネスでも同じ。報恩や感恩の思いがある人間は、ビジネスでも、確実に成功します。感謝の気持ちが「自分を犠牲にしてでも、ほかの人を助けよう」という利他の精神を呼び込むからでしょう。

まず利他の心を持てば、周りの人の協力を得やすくなります。また他人のために動けば視野が広くなり、正しい判断ができるようになります。

利他の反対には「自分さえ良ければ幸せだ」という利己があります。こうした自分中心の考え方では、他人の協力は得られません。また、自分中心でしか物事を見ることができないようでは視野も狭くなり、間違った判断を下しがちです。

心の目指す方向を「利他」と「利己」、また自身の現状を「努力」と「怠惰《たいだ》」として、それぞれを掛け合わせると、その違いはより明確になります。

怠惰な生活を送りながら利己的に生きれば、それは地獄のような日々です。一方で、利他ではあるけれど努力もしないとなると、なんだか茫洋《ぼうよう》とした、まるで植物のような世界です。また、努力はしているけれど利己的だとなれば、一時的にはうまくいくこともあるのかもしれませんが、それも続かなくなり、アップダウンが激しい波瀾万丈《はらんばんじょう》の人生を送ることになるでしょう。

唯一、利他でありながら努力し続けることに、永続的な発展があります。つまり感謝の気持ちを持つことこそが、永続的な発展への道につながっているのだと思います。

心に火を点ける、もう一つの大きな要素としては、「出会い」があります。

出会いは感動を伴うもの。相手の存在から何も感じなければ、それは本当の出会いではありません。私も先述の平田部長との出会いがなければ、心に火が点かぬまま、そのラグビー人生も、もっと違うものになっていたと思います。

森信三《もりのぶぞう》さんという哲学者・教育者がおられます。その人の言葉のなかに、「人間は一生のうち逢うべき人には必ず逢える。しかも一瞬早すぎず、一瞬遅すぎない時に」というものがあります。

このあとには、「縁は求めざるには生ぜず。内に求める心なくんば、たとえその人の面前にありとも、ついに縁は生ずるに到らずと知るべし」という言葉が続きます（『森信三一日一語』致知出版社）。

求める心や感じる力がなければ、当人にとって非常に大切なものを与えてくれる人が目の前にいたとしても、何の縁も生じません。だからこそ、感じる力は大事なのです。

感じることは能動的です。受け身でいては、感じる力は得られません。感受性という言葉がありますが、縁を生み出すのに必要なのは、「求感性」です。このように、感じる力がなければ、出会いは生まれないのです。

詩人の相田《あいだ》みつをさんも、「その時の出逢いが人生を根底から変えることがある」という言葉を残しています。出会いは他人との関係性から生じるものですが、その出会いを人生を変えるものにすることができるのは、自分だけです。

人との出会いを通じ、いままでとは違う自分に出会うからこそ、人生が大きく変わるのではないでしょうか。

不良たちが本当の自分を知った瞬間

伏見工業高校ラグビー部をモデルにした『スクール☆ウォーズ』というテレビドラマがありました。京都の伏見工業高校で実際に起こった話をドラマ化したもので、私が高校日本代表に選ばれたときからお世話になってきた山口良治先生や、同志社大学や神戸製鋼でずっとチームメイトだった大八木淳史や平尾誠二たちをモデルにしたドラマでした。

そのドラマに有名なシーンがあります。全国大会常連校との試合で〇対一一二の大敗を喫する……しかし、まったく悔しい素振りを見せない部員たちに対し、監督が熱く語りかけ、「同じ高校生なのにお前たち、悔しくないのか！」と活を入れるシーンです。

これは本当にあった話のようで、山口先生からも直接うかがいました。

日本体育大学を卒業し、日本代表にも選出されていた山口先生は、一九七四年に伏見工業高校に着任し、翌年からラグビー部の監督に就任します。当時の伏見工業高校は京都で一番荒れているといわれた学校。教師に暴力を振るうような生徒もおり、結果、タバコを吸う生徒がいても、あるいは校内をバイクで走り回る生徒がいても、生徒に恐れをなした教師は、見て見ぬふりをしていたそうです。

こうした現状に対し、山口先生は、真っ正面からぶつかっていきました。すると本気で怒る山口先生に対して不良生徒も心を開き、「先生だけや、俺に注意してくれたのは……これまで誰も本気で俺に注意なんかしてくれへんかった」と呟く。このとき、「不良生徒たちは、本当は寂しいのだなと悟ったような気がした」と、山口先生は話しています。

学校がこんな状態でしたから、ラグビー部の活動も当然、最初はうまくいかなかったそうです。練習に来るのは数人だけ、などということもありました。また、部員の多くは教室で賭けごとをしたり、タバコを吸ったりだったので、これでは試合に勝てるはずなどありません。

山口先生の就任後初の公式戦となったのが、ドラマでも描かれた京都のラグビー名門校・花園高校との試合でした。そして伏見工業高校は〇対一一二という大敗を喫する。これほどの大敗にもかかわらず、試合を終えた選手たちは平然としていました。

そこで山口先生は生徒たちを懇々と諭《さと》し、こういいます。

「お前たち、同じ高校生やろ、悔しくないんか！」

ドラマでも同じ場面がありましたが、山口先生の言葉に対し、部員たちは、堰《せき》を切ったかのように「悔しいです」と泣き叫びます。

たしかに花園高校は前年の優勝校ではありましたが、部員たちは自分たちの悔しいという正直な思いには向き合わず、心の奥底に眠っている「勝ちたい」という気持ちから逃げていました。その「逃げ」を、山口先生は、見逃しませんでした。

山口先生の「悔しくないんか！」という言葉が、生徒たちの心の奥底にあった「勝ちたい」というマグマを噴出させる糸口を作り、火を点けて、爆発させたのです。

こうして「悔しいです」と叫んでいた部員たちは、今度は山口先生に、「勝ちたい、俺たちは勝ちたい」と続けます。すると山口先生は、「じゃあ、勝つためにはどうする？」と聞く。部員たちは口を揃えて、「先生のいうことを聞きます」と答えました。それまで本当の思いから逃げ続けてきた部員たちは、素の自分となり、覚悟を決めた――不良生徒たちのキックオフの瞬間でした。

伏見工業高校は、その後の猛練習で、一年後の同じ京都府大会では決勝戦にまで進み、今度は一八対一二で花園高校に勝利します。大敗からわずか一年で一一二点差を埋め、勝利を手にしたのです。

それまで何の目的も持たず、やり場のない不満や憎悪《ぞうお》を募らせていた伏見工業高校の不良たち……山口先生の「悔しくないんか！」という問いかけが心の奥底に秘めていたエネルギーを解き放ち、本当の自分に出会った……これが彼らの真のキックオフでした。

「人を育てるにはタイミングが重要」と説く禅の言葉

禅の言葉に「啐啄機《そったくき》」というものがあります。鳥の雛《ひな》は卵の殻《から》を破って出てくるのですが、自分の力だけで破ることはできない。そこで雛が内側から嘴《くちばし》で殻を破ろうとする瞬間、親鳥が自分の嘴を入れるのです。こうして内側からの雛の嘴と外側からの親鳥の嘴がぴたっと合うと、殻が割れ、雛が生まれてきます。

このように、殻を割るには親鳥と雛のタイミングが一致することが大切なのですが、親鳥が嘴を入れるタイミングが早すぎても遅すぎても、雛は死んでしまいます。つまり「啐啄機」という言葉は、「人を育てるにはタイミングがとても重要である」ということを教えてくれます。

人には、心のなかから湧き上がるものがどんどん大きくなっていく瞬間があります。このとき両親や教師、あるいはコーチは、それを見逃さず、タイミングよく嘴を差し込まなければいけません。そう、キックオフの瞬間を正しく見極めるのです。

伏見工業高校における山口先生の言葉は、理想の「啐啄機」だったのだと思います。このように両親や教師、あるいはコーチが嘴を入れることができれば、子どもや選手たちは、本当の自分との出会いを実現できます。

私はラグビーを始めて、いままで見えていなかった自分の可能性に出会うことができました。高校時代に無名校から高校日本代表に選ばれ、山口先生と行った海外遠征が大きな節目になりました。

このとき山口先生からは、「日本人で外国人に通用するのはお前だけや」「一〇年後、俺の後を継いでくれ」「青春時代にただ一つのことに命を懸けるのは素晴らしいことなのだ」などという言葉をいただきました。私は嬉しくて、山口先生の胸に抱きついて、泣いてしまったと記憶しています。

そして、「よし、大学でもラグビーを続けよう、そして日本代表になるんだ」と、いままでになかった夢と出会うことができました。そう、この人生のキックオフで、私の心に火が点いたのです。

ヒーローとは、ウルトラマンのような架空の存在ではなく、リアルな存在です。私にとって山口先生は、まさにそのヒーローでした。その山口先生に出会い、憧れて、それまで気づいていなかった自分の夢を発見することができました。山口先生は、その夢に立ち向かう理想的な姿勢を、ポンと私の眼前に放り投げてくれたのです。

自分の夢を見つけ、その夢を追いかける過程でこそ、人間は成長します。そして、夢に立ち向かう自分もまた、自らのヒーロー。誰もが人生のヒーローになることができるのです。

私が小学生のラグビー大会を企画・運営するＮＰＯ法人「ヒーローズ」を立ち上げたのは先述の通りです。「子どもたちに自分の人生のヒーローになってほしい」という思いを込めて、この名称を選びました。私は社員研修の講師も務めていますが、読者の皆さんにも、ぜひ人生のヒーローになってほしいと思っています。

強い組織の基盤を作る「身口意」

では企業におけるリーダーは、どのようにして部下たちの心に火を点ければ良いのでしょうか。このとき、「自分を感動させることができない人間が、人の心を動かせるはずがない」ということが大前提となります。まずは本当の自分としっかり向き合い、自分の人生のヒーローになりましょう。

そのうえでリーダーは、「やっていること」「いっていること」「思っていること」の三つが一致していなければなりません。このことを表すのが仏教の「身口意《しんくい》」という言葉。密教の極意ともいわれています。

「身口意」の三つが揃っていれば自分がやりたいことを成し遂げられますが、「身口意」がバラバラになっていると失敗する、といったシンプルな考え方です。

しかし人間は、「やっていること」「いっていること」「思っていること」がバラバラになりがちです。たとえば「痩せたい」といいながら、ダイエットが辛くなって甘いものを食べたりラーメンを食べたり……これでは「身口意」がバラバラで、ダイエットは絶対に成功しません。また「新しいことにチャレンジする」などといいながら、心のなかで変化を怖がっていれば、「身口意」が揃わず、何も成し遂げることなどできません。

私が神戸製鋼のキャプテンを務めていたときには、「身口意」を揃えることができませんでした。気持ちではチームメイトを引っ張ろうとしていたのですが、体で見せることができませんでした。膝にケガを抱えていたことも大きかったのですが、それにどう対処していくのか、あるいは自分をどう律していくのかという部分に、大きな甘さがありました。

「身口意」の三つの要素のうち、リーダーには、それぞれが得意にしている分野があると思います。私の場合、一生懸命に練習し、試合では体を張ったプレーをすること。そして、その姿を見せて、仲間たちに「俺に付いてこいよ」とメッセージを送るタイプでした。だから、私がどんなに洒落《しゃれ》た台詞《せりふ》を吐いても、仲間たちの心に火を点けることはできませんでした。

企業のリーダーが「身口意」を一致させることができれば、少なくとも目的に向かって進むイメージを、部下たちの眼前に呈示することができます。すると部下たちの心にも火が点いてゆき、それが強い組織の基盤となり、さらには勝ち続けるためのキックオフとなるのです。

第4章

タックル

——恐怖心を取り除く技術

恐怖を感じたとき脳はどう動くのか

身長一八〇センチ超、体重一〇〇キロ超の大男が全速力で走ってくる……その膝に頭からぶつかっていくのが、ラグビーのタックル——。

私の場合、しかしタックルというプレーが、ラグビーを始めた当初から大好きでした。それを決めるのが面白くて仕方ありませんでした。「好きこそものの上手なれ」ではないですが、タックルを「バチッ」と決めるのは、本当に気持ちがいいものです。

とはいえ、ラグビースクールに通う小学生やラグビーを始めたばかりの人のなかには、タックルが怖いと感じる人も多いと思います。そして、人間は恐怖を感じたとき、いつもは簡単に行えることもできなくなってしまいます。それはラグビーでも仕事でも同じです。

たとえば、横幅三〇センチの板の上を一〇メートル歩くことは誰でもできますが、その板が高さ三〇メートルの切り立った崖《がけ》に渡されていたとすればどうでしょう。尻込みしてしまい、前に進めなくなってしまう人が多いのではないでしょうか。

このように、人間は恐怖に直面すると、本来の力を発揮できなくなります。これは、恐怖などストレスを感じたとき、脳にある種の変化が起きることが原因です。

まず恐怖などのストレスを感じると、脳の中央下部の左右に位置する扁桃体《へんとうたい》が興奮を始めます。すると扁桃体は、恐怖に対処すべしという指令を、脳の視床下部《ししょうかぶ》という部分に伝えます。この視床下部は脳の最深部たる間脳《かんのう》にあり、自律神経系の中枢として、ホルモンの分泌《ぶんぴつ》など生命維持に重要な役割を担います。

この指令は間脳を通じて最終的に副腎《ふくじん》に届けられ、それを受けた副腎は、ストレスホルモンを分泌します。このとき分泌されたストレスホルモンは血流に乗って全身をかけ巡り、さまざまな臓器に指令を伝える。そうして指令は心臓にも伝わり、結果として心拍数が増え、血圧が上昇し、心臓の鼓動も高まります。

また、間脳から自律神経に伝えられた指令は、全身の血管を締め上げます。その結果、血管が細くなり、急激に血圧が上がります。また血中にストレスホルモンが増えれば、血《けっ》小板《しょうばん》同士がくっついて、血液が固まりやすくなります。

このように、恐怖によって引き起こされるストレス反応は、多くの臓器や組織が関係する複雑なものです。ゆえに、こうした状況下で通常の力を発揮するのは困難なのです。また、このストレスを感じ続けるわけにもいかないので、恐怖に遭遇した人間は、恐怖と戦うか、あるいは逃げるか、その二者択一を迫られることになります。

では、恐怖心を乗り越えるためには、どうすれば良いのでしょうか？　ものすごくプレッシャーがかかったとき、恐怖心を感じずに対処するためには、こつこつと小さな成功体験を積み上げながら、セルフイメージを変えていく必要があるのです。

恐怖心を取り除くための準備の仕方について、タックルを例に紹介していきます。

タックルに恐怖心を感じない状態とは

その前にまず、私がいつも講演でお伝えする話ですが、ラグビーの試合で一番大事なものをご存じでしょうか。スクラム、タックル、パス、ラン、ラインアウト、モール……それぞれに必要なスキルはあるのですが、一番大切なことは、「いかにボールを自チームが持ち続けるか」ということです。

ラグビーはとてもシンプルなスポーツです。ボールを奪い合って、それに成功したら、そのボールを敵陣まで運ぶ。ボールを敵陣に運ぶためには走ってもいいし、あるいは相手にタックルされると思えば仲間にパスをしてもいい。また、パスができる位置に仲間がいないのであれば、相手選手に体ごとぶつかっていってもいいのです。

ラグビーで要求される技術は、走る技術、パスする技術、相手に当たる技術、相手に当たったあとボールを味方につなぐ技術、キックする技術、そしてタックルする技術なのですが、必要なものは、ただそれだけです。そして、ボールを敵陣の一番深くにある相手ゴールまで運び、地面にボールを着ければ得点……やはりラグビーは、とてもシンプルなゲームなのです。

第3章で触れたパスは、仲間に思いを託す行為です。往々にして失敗ばかりする不完全な人間、そうした仲間を信じ、思いを託す非常に不合理な行為。ゆえに、理屈抜きに仲間を信じないとできないプレーですが、ボールを託されたほうの人間にも、思いを感じる力が求められます。

このように託し託されながら、そこに目に見えない信頼感が醸成されるようになれば、初めて恐怖心も消えます。そして「仲間のためになら、この試合で死んでもいい」という気持ちがチームに生まれれば、間違いなく、自然に勇敢なタックルが生まれます。

強い当たりをしようと思ったら、金槌《かなづち》で釘を打つように当たればいいと思います。金槌を持つ腕に最初から力が入りすぎていては、力が釘に伝わりません。腕は柔らかくしておいて、釘をたたく瞬間に力を入れる。ボクシングのパンチを繰り出すときも同じですが、柔らかい動きのなか、当たる瞬間に、最高のスピードと力を加えないといけません。

このとき、当たる瞬間の姿勢とスピードが大切になります。背筋の強さや前に出る脚力も必要でしょう。

そしてタックルは、五〜一〇メートル先まで貫くように相手を倒すイメージで入ります。自分の体内に充満した「気」を前面に押し出すイメージ。走り込んだとき、その「気」が相手の立ち位置で止まってしまってはダメなのです。

NZコーチの口癖「ゆっくり」の背景

恐怖心をなくすには、小さな成功体験を積んでいくことが必要です。たとえばラグビーでは、当たっても痛くないクッション性のある「コンタクトバッグ」を使って練習することが一般的です。

このコンタクトバッグを使い、まず形を覚えます。これに体を当てて形を覚えてから、

モールの練習でもダミーのバッグを使って練習する

だんだん実戦に近づけていく。人間を相手にタックルするときも、最初はタックルに入りやすいように膝をついて準備をし、相手に歩いてきてもらいながらタックルに入ります。そうして徐々にスピードを上げていき、タックルに入る感覚を覚えてもらう。これが一般的なやり方です。

まずはプレッシャーを少なくして簡単な状況を作り、「タックルができた」という成功体験を積み上げていく、それが重要なのだと思います。

私は同志社大学一年生の夏合宿で、ニュージーランドからコーチに来たディック・ホックリーさんから、モールの組み方を教えてもらいました。ホックリーさんは、カンタベリー大学やニュージーランド学生代表として、同志社大学と対戦したことがあります。その縁で、この合宿に来てくれたのでした。

そのホックリーさんが教えてくれたモールでは、スクラムのようにしっかりと組み合うのが肝要《かんよう》。選手一人一人が思い思いに密集に飛び込むようなモールを作っていた日本においては、画期的な方法でした。

ホックリーさんの口癖は「ゆっくり」でした。私たちが素早くモールを組もうとすると、「ゆっくりやって……できないことを速くやっても、上手くなるわけがないでしょう」と、ペースダウンを求めるのでした。

「ゆっくりでいい、でも正確に、そして当たりは激しく一〇〇パーセントで」というのがホックリーさんの教え。そんな練習を、夏合宿で、何日も繰り返しました。

この練習では、まったくケガもしませんでした。そうして形を作っていき、「できた」という小さな成功体験を積んでいきました。まさに理に適《かな》った練習だったと思います。

とにかく基本に忠実、そして技術の達成度を細かくチェックし、まず弱いプレッシャーのもとで形を覚え、それができたら徐々にプレッシャーを強めていく……練習とは、「できる」を確信するために行うものなのです。

そうして基本が完成すれば、そのあとの応用はいくらでも可能です。基本プレーの項目を、どれだけ細かくして積み上げることができるか、そこに指導者の腕の見せどころがあるのだと思います。

これは、ビジネスにも活用できると思います。私の知人に大手ハウスメーカーの社長がいますが、彼はずっとトップセールスマンの座を維持してきました。

しかし彼は、どんなに業績が良くても、年間三〇棟以上は売らなかったそうです。なぜでしょうか？

家は一生に一度の大きな買い物。顧客には夢があり、それを形にしたのが住宅です。当然、顧客とは、人生観を共有するような関係を作らなければなりません。これがハウスメーカーのセールスマンの基本なのです。

しかし彼は、「販売件数が三〇棟を超えると、そうした付き合いができなくなる」といいます。もはや、ノウハウやスキルではありません。ゆっくりと正確に人間関係を築き上げる――それが営業成績につながったといえましょう。この話は、ホックリーさんの練習法を髣髴《ほうふつ》とさせました。

オックスフォード大学でのトレーニングは

基本の部分を築き上げるには、スポーツであれビジネスであれ、時間がかかるものです。すなわち、正確に、ゆっくり、やるしかない。雑に速くやったら、どこまで行っても未完成なままです。

正確にゆっくりとやり、少しできるようになったら、それを少し速め、プレッシャーもだんだん強くする。そしてスポーツであれば、実際の試合のスピードや強度に近づけて、最後は試合以上の負荷をかける。そこまで入念な準備をして初めて、恐怖心に打ち克つことができるようになるのだと思います。

こうした小さな成功を積み重ねる練習を続けていくうちにネガティブなイメージは消え去り、「自分はできるのだ」というポジティブなセルフイメージが完成します。結局のところ、ポジティブなセルフイメージは、後天的に自分自身で作り上げるものなのです。

こうしたセルフイメージを作り上げるのも脳の役割ですが、その脳には、安定を求めるという特徴があります。要するに、脳は変わりたくない。突然、人格が変わっても困るので、脳は変化を嫌がるのです。

　そして脳の神経細胞には電気信号が流れていますが、これが流れる回数が多ければ多いほど、その回路に電気が流れやすくなるといわれています。それはパソコンの検索エンジンのようなイメージ。何度も電気信号が流れるうちに検索順位が上がり、検索順位がいちばん上に来たものが、人間の習慣となるわけです。

　また、脳は膨大なカロリーを消費するので、極力、省力化しようとする癖があります。すると習慣とは、「脳が省力化するため自動的に反応する仕組みのこと」かもしれません。

　そのため、悪い習慣を変えたいと思えば、何度も良い習慣とするための行動を繰り返さねばなりません。結果、脳の神経細胞に電気信号が何度も流れ、そうした行動の検索順位も上がっていきます。

　私自身が「長く使い続ける習慣ができ上がったな」と感じたのは、第3章で触れた膝のリハビリのときです。本当にしんどい日々でしたが、あのときの経験があったからこそ、その後、自分のコンディションをコントロールできるようになりました。

　そんな私は、一九八九年六月から、イギリスのオックスフォード大学で社会学を学ぶために留学しました。そのイギリスでは一人でトレーニングすることも多かったのですが、

オックスフォード大学のチームメイトとクラブハウスで

いつもやっていたのが三分間走です。

　このトレーニングでは、三分のあいだにグラウンドを走れるだけ走り、それを五本繰り返します。目標は、七五〇メートル以上を五本走ること。当然、これも厳しいトレーニングですが、五本すべて達成できたら、八〇分の試合を戦い抜くことができるといえます。

　もちろん、それまでも、過酷なトレーニングを行ってきました。同志社大学ラグビー部は上下関係のない民主的なクラブでしたが、私は大学入学後の二ヵ月で、体重が一五キロも落ちてしまいました。それだけきつい練習をしたのですが、これはチームの仲間がいるからこそ耐えられた試練だったと思います。

　しかしなによりも、私がコンディションを

コントロールする習慣を体得できたのは、初優勝時の厳しいリハビリのお陰だと思います。

膝をしっかりと治すには、それほど厳しいリハビリが必要でした。しかし、脳は安定性を求めるので、どこかに膝を治すことに本気になれない自分がずっといました。初優勝時に、じっくりと膝を治すことに向き合わなければ、私の選手生命は、その時点で終わっていたのかもしれません。

そう、私は、この苛酷なリハビリで、恐怖心を取り除く技術を学んだのです。

京セラ創業者のポジティブ社員活用法

ここまで述べてきた小さな成功体験の積み上げ、それに加え、恐怖心を取り除くために必要なものは「言葉」です。

人は判断に迷ったとき、決断するための「理屈」を必要とします。たとえば服を買おうかどうか迷ったときにも、自分を説得するため、やはり理屈が欲しいのです。

こうした理屈を声には出さずに自分のなかで言語化していくことを、内的言語化といいます。一方、他者との交渉のために実際に声を出すことを、外的言語化といいます。この言語化のプロセスを通じ、行動は形成されていくのです。

各自の思いは、潜在意識のなか、明確化されずに存在することがあります。コーチングでは、そうした潜在意識のなかにある暗黙知を顕在意識に引き上げて、相対言語化して整理する、といったことを行います。

さて『イソップ物語』には、「キツネとブドウ」という話があります。この物語では、手が届かないほど高い木の枝に美味しそうなブドウを見つけたキツネが、何度もジャンプしてブドウを食べようとします。しかし、なかなか手が届きません。そのうち、「どうせ、あのブドウは酸っぱくてまずい」と心のなかで思い込む。そうしてブドウを諦《あきら》めて、その場から立ち去ってしまう。そんな物語です。

この物語でキツネは、諦めたという自分の過去の行動を正当化するため、「ブドウは酸っぱくてまずい」と決めつけます。このようなキツネの行動は、心理学では、「認知的不協和」といいます。

人は自分の過去の行動と自分の好みが一致していない場合、不快な感情に陥《おちい》ります。そして過去の行動と好みが一致しない場合、よりリアリティの強いほうに感情が引き寄せられていきます。キツネはブドウを採れないと悟ったとき、「このブドウは酸っぱい」と好みとは違うものにすり替え、内的言語化することで、自分自身を納得させたのです。

このように、人は相反する二つの認知事項を、同時に持ち続けることができません。あのブドウを「採れる」「採れない」と、相反する二つの認知事項があるときは、よりリアリティの強いものが残ります。キツネはあの枝のブドウを「採れない」と思ったので、「どうせこのブドウは酸っぱくてまずい」と内的言語化することで、自分自身を納得させて立ち去ったわけです。

逆に困難に出遭い、前進することに恐怖を感じたときは、意識的に「できる」理由をいくつも見つけて内的言語化し、自分自身を説得する必要があります。脚が一本だけの机はぐらぐらしますが、そこに「いままでもなんとかやってきたのだから今度もできる」という脚を、どんどん付け加えていくのです。

脚がいくつも付けば、机は安定します。同時に、できない理由の脚に対しては、「いや、そんなことはない、できるはずだ」といって、へし折っていくのです。

これはビジネスでも同じです。以前、京セラ創業者の稲盛和夫さんから、こんな話を聞きました。

新規事業を立ち上げる際、稲盛さんが何かアイデアを思いつくと、当初は優秀な社員を呼んで、彼らの意見を聞いていたそうです。そうして稲盛さんは社員に対し、「これが事業化すれば、絶対に面白い」と熱く語ったそうですが、社員の反応はいまひとつ……それでも少しは理解してくれたのかな、と思っていたところ、「社長のおっしゃることは、こんな法律があるので、難しいですよ」と冷めた目で見返され、できない理由を並べられたそうです。

当初、稲盛さんは、「それが正しい新規事業の進め方なのかな」と思っていたそうですが、どうにも事業が立ち上がらない。そこで今度は、優秀な社員を集めるのはやめて、ポジティブ思考を持つ社員ばかりを集め、自らのアイデアを披露《ひろう》しました。すると、「それ面白いですね」「絶対に、やりましょう」「社長、あなたの発想は凄い！」と喝采《かっさい》を浴び、事業化に向けて動き始めたそうです。

そこで稲盛さんは、再び優秀な社員を集めて課題を尋ねました。すると、またネガティブな意見が山のように出てくる……そうした課題をすべて織り込み、構想を見つめ直し、そして再びポジティブ思考の社員ばかりを集めると、「必ずできる」という確信のもと事業化が実現しました。

稲盛和夫氏（右）と議論を交わす著者

何かに挑戦するため、そして恐怖心を取り除くためには、ビジネスでもスポーツでも、まず「こうありたい」という楽観的な目標を設定することが大切です。そして計画の段階で悲観的に構想を見つめ直し、実行していくのです。

宇宙の法則とでもいえましょうか。たとえば体操の選手は、自分の頭のなかでイメージできる技なら、それがＦ難度であっても、練習を積めば実現できるそうです。できると思うことは実現する、できないと思うことは実現しない……意外と世の中はシンプルで、それはラグビーのタックルにも共通することなのです。

体重一〇〇キロの巨漢に喜んでタックルできる状況

本章の冒頭で、私はラグビーを始めた当初からタックルが楽しくて仕方なかった、という話をしました。ただ海外チームとの試合では、自分よりも大きな選手にタックルに入ることが多々あります。当然、当たり負けることもあったし、タックルを外されたこともありました。

それでも目の前にボールを持っている相手選手がいれば、それを止めるのは、私の責任です。浴びせ倒すことができなくても、引きずられても寝転がってでも、なんとしても止めねばなりません。

しかしこのとき、大きな選手に対して高い姿勢でタックルに入ると、弾き飛ばされてしまいます。だから、膝や足首を目がけてタックルに入る。そのための練習は、「自分はできる」という確信を持つためにやるものです。

稲盛さんの逸話《いつわ》に触れましたが、氏は経営に携わるなかで体得した原理原則を、一二カ条にまとめています。その第一条は、「事業の目的、意義を明確にする」というもの。事業の目的や意義があって初めて、責任感や使命感が生まれ、恐怖心を取り除くことができるのだと思います。

これは「夢」といい換えても良いと思います。スポーツでいえば優勝。その夢を実現するためには、やらなければならないことがあるのです。

そして、その目標や夢は「want to（～したい）」なのか、「have to（～しなければならない）」なのかによって、まったく別物になります。

思いを共有する仲間と共に優勝したいと思ったら、タックルに行くことも、ある意味、楽しいと思えませんか？　仮に体重一〇〇キロの巨漢を相手にしても。ところが反対に、「ＯＢに拳骨《げんこつ》を喰らうから、優勝しなければ」とか、「タックルに入らなければ、監督から怒られる」などと感じるだけなら、タックルに行く気は失せてしまいます。

ですからリーダーは、チームの仲間すべてに対して同じ夢を見させられるように、ビジョンを設定しなければなりません。神戸製鋼のキャプテン時代、私には、それができませんでした。

エジソンの一万回失敗する意味

結局、何かをやろうと思って始めても、最初から上手にできることなど、ほとんどありません。最初から自転車に乗ることなど誰もできませんが、練習していれば、そのうち乗れるようになる。失敗を知らない成功者はいませんし、負けを知らない勝者もいないのです。しかし、その背景はシンプル。成功するまで続ける人だけが成功者になれるのです。

発明王トーマス・エジソンにまつわる有名なエピソードがあります。

エジソンは、電球を発明するまでに一万回もの失敗を繰り返したそうです。そのことについて、記者からのインタビューで「一万回も失敗したそうですが、苦労しましたね」と尋ねられると、エジソンは、「いや失敗ではありません、うまくいかない方法を一万通り発見しただけなのです」と答えたとされます。

挑戦を一回限りにせず、成功するまで何度も続けるような人からすれば、一回の失敗などは、ＰＤＣＡ（Plan：計画、Do：実行、Check：評価、Action：改善）の一部にしか過ぎないのです。

真剣なまなざしで試合を見つめる岡仁詩氏（中央）

同志社大学ラグビー部監督だった岡仁詩《おかひとし》先生からは、「積極的に失敗しろ」と、何度もいわれました。岡先生自身が新しいことが好きで、その言葉を好んで使ったのかもしれません。これをしてはいけない、あれをするな、というような言葉は、ほとんど口にしない人でした。

その岡先生の場合、多くの選択肢を並べ、そのなかから選手に選ばせる指導方法を採りました。しかし私などは、「そっちで決めてくれればやりやすいのに、まどろっこしいなあ」と思うこともありました。

岡先生がこのような指導をするようになったのは、戦中戦後の経験が大きかったという話を、ご本人から聞きました。多感な時期に戦争を迎え、「鬼畜米英《きちくべいえい》を倒せ」などといわれ、岡先生もそれを信じていました。が、終戦で世の中がガラリと変わって冷静になると、「自分の頭で考えていなかったことに気づいた」といいます。

それゆえスポーツでも、型にはめない自由な発想や創造によってこそ前進できる、という信念を確固たるものにしていきました。こうして、プレイヤーたちに選択肢を与え、自ら考えさせる指導方法を採るようになったのです。

試合前のオックスフォード大学に起こった変化

タックルに限らず、身体接触のあるラグビーは、一言でいって「痛いスポーツ」です。だからこそ、そうした「痛い思いをしても体を張る選手しか仲間として認めない」という文化があります。

しかし実社会でも、本質は同じです。汗水たらすのを厭《いと》い、自分だけ美味しいところを持っていこうとする人などは、周りからの信頼は得られません。「体を張る」ことのできる人が評価されない組織では、皆のモチベーションは上がらないのです。

私が留学したラグビー発祥の地イギリスでは、組織よりも個人が尊重されることが多かったと思います。「モチベーションをコントロールするのは個人の責任」という考え方です。ところが、このやり方では、なかなかチーム全体のモチベーションは上がりません。タックルに入ることも恐怖心を取り除くことも難しい、と私は感じました。

その結果、負けるはずもない試合で負けるようなことがありました。コーチに、「どうしてチーム全体のモチベーションを高めるようなことをしないのか」と聞いたこともあります。するとコーチは、「モチベーションを上げて感情的になったとしても、それが維持されるのは、せいぜい五分間。その後は各個のモチベーションが必要になるんだ。あまり感情的になっては、正確な判断ができないだろう」などと説明してくれました。

これには「なるほど」と思ったのですが、続けて「チーム全体でモチベーションを高めることが好きな人もいるし、嫌いな人もいるだろう」といわれ、少し驚きました。しかしこのとき、個人に対する尊厳のようなものを、ひしひしと感じたのは確かです。

ところで、私がオックスフォード大学に留学した最大の目的は、ケンブリッジ大学との定期戦「バーシティマッチ」に出場することでした。そしてレギュラーにも選ばれ、私の感情は爆発寸前となりました。そのため、個人を尊重するお国柄ということは分かってはいたのですが、定期戦の試合開始が迫ったロッカールームで、感極まって、二年間一緒にやってきた仲間一人一人に抱きついてしまいました。必勝を誓うためです。

この私の行動に引きずられたのか、いつもは冷静なチームメイトたちもみな感情が高ぶり、ロッカールームは興奮のるつぼと化しました。そして、その感情のまま、全員がグラウンドに躍り出ました。すると、戦前はケンブリッジ大学有利でしたが、結果はオックスフォード大学が二一対一二で勝利を収めました。

試合後、キャプテンが、「ハヤシの涙で、みんなが盛り上がった。素晴らしい雰囲気だった」といってくれました。洋の東西を問わず、感情的になることでプラスアルファの力が湧き出すことはあるのだと思います。このとき私は、体格で劣る日本代表は、感情面まで使いきらないと試合では勝てない、そう確信しました。

ロッカールームでの過ごし方は第2章でのテーマでしたが、日常から非日常に移行するという意味では、「非日常だからこそ恐怖心を取り除くことができる」という部分もあるのだと思います。

日常生活では、一〇〇パーセントの力で誰かに体当たりすることなどありません。が、ロッカールームという「間」を置いて戦いの場に入るとき、そこで気持ちの切り替えを完壁に実行できれば、地を這うような勇猛《ゆうもう》果敢《かかん》なタックルに入ることができるわけです。

暑いときには囲炉裏に当たり寒いときには扇を使え

「驀直去《まくじきこ》」という言葉があります。

鎌倉幕府八代執権、北条時宗《ほうじょうときむね》の時代に蒙古《もうこ》から使者が来訪し、「属国になれ」と迫りました。日本史で習う蒙古襲来の一幕ですが、このとき、わずか一八歳の時宗は、戦うか降伏するか、その判断に迷うも結論が出ず、時間稼ぎをすることにしました。

しかし、一時はそれでしのげましたが、使者は再び返事を迫ってきます。どうすべきか分からなかった時宗は、中国から来日していた高僧、無学祖元《むがくそげん》に助けを求めます。そのときの教えが「驀直去」だったのですが、時宗はこの意味が理解できません。ついに自分の額を壁にたたきつけるわけです。

額から吹き出す血……血みどろの状態になったところで、時宗は悟りを得ます。そして、蒙古の使者たちの首を刎《は》ねたのです。

「驀直去」とは、「まっしぐらに、一直線に突き抜けろ」という意味。「避けるな」「逃げるな」ということです。無学祖元は時宗に、「たとえば酒と女をあてがうような小細工を施していても、国は救えない」、そう教えたかったのでしょう。

結果、蒙古は大軍で襲ってきます。しかし襲来した二度とも、日本の武士に撃退されました。近年の研究では、いわゆる「神風」による影響は小さかったとされるようになっています。

この出来事は、その後、禅の問答になります。「大事到来、いかにしてこれを避くべくや」――大事が出来《しゅったい》したとき、どうすればそれを避けることができるのか、という問いです。

それに対する答えは「夏炉《かろ》冬扇《とうせん》」です。夏炉というのは「夏の囲炉裏《いろり》」。すなわち、暑いときには囲炉裏に当たり、寒いときには扇を使え、というわけです。これは、暑いのであれば、むしろその暑さのなかに「浸りきれ」、寒いのなら、いっそ寒さのなかに「浸りきれ」、ということなのです。

つまり、「苦しいときは苦しみに浸りきる、するといつか壁を突き破ることができる」ということ。恐怖に襲われるような出来事に遭遇したときは、ジタバタせず、まず腹をくくれ、ということなのです。

第5章

ハーフタイム

——チームと自分を再検証する技術

ベンチ入りできなかった選手の力の使い方

前半を戦い終え、もう一度、この試合に至るまでにやってきたこと、そのプロセスを思い出し、後半につなげていく――ハーフタイムとは、そうした意味のある場です。まず技術的に、前半に起きた出来事を、しっかり咀嚼《そしゃく》します。

パスのタイミングは良いか、攻撃のテンポは正しいか、フォワードとバックスの連携は合っているか、などといった点を洗い出します。

一方で、対戦相手との関係性も見直します。

通常、試合前にゲームプランを組み立てますが、ゲームプラン通りに進んだことと進まなかったこと、試合中に気づいた相手の強みと弱みを、改めて分析します。そのうえで「後半をどう戦っていくか」を、試合に出る一五人だけでなく、ベンチ入りメンバーを含めて全員で意思統一するのです。

ただ、技術的な部分もさることながら、ハーフタイムでより重要になってくるのは、自分たちの成功を信じる力、いわば「成信力」を持ち続けることができるかどうかです。信じることができなければ、勝つことも力を出しきることも難しくなる。まさに「信は力なり」なのです。

伏見工業高校では、試合が始まる前、ベンチ入りできずにスタンドから試合を見守る選手の思いを感じて心に火を点ける、というエピソードを紹介しました。そしてハーフタイムでももう一度、山口先生が、レギュラーメンバーに対し、「スタンドを向いて、みんなが応援してくれているのを見てみろ」と促すのだそうです。

スタンドを振り返るレギュラーメンバー……その姿を見て、スタンドにいるベンチ入りできなかった部員たちは、大声を出して手を振り、応援のボリュームを一段と上げます。グラウンドに立つ選手たちは、そうした仲間たちの思いを吸収し、それを力に変えるのです。

伝説のチームに学ぶ後半一発目の重要性

私のラグビーキャリアでも、後半に流れが変わるという経験を、何度もしてきました。七連覇を継続中だった新日鉄釜石との試合では、強いチームがいかにして後半に臨むかを、まざまざと見せつけられました。

このときは、「フォワードで優位に立つため、後半に入ってすぐの一本目のスクラムでは、思いっきり押し込んで、プレッシャーをかけよう」というのが、私たちのチームがハーフタイムで打ち出した作戦でした。

ところが後半の一本目のスクラムで、新日鉄釜石は、私たちの思惑を打ち砕くかのように、何倍もの力で押し込んできました。私たちはプレッシャーをかけるどころか、強烈なプレッシャーを受けることになったのです。

後半のスタートの部分で、試合の流れを決めるため、何か一つのプレーに全力を注ぐということは、強豪チームであれば常に考えていることです。

たとえ、それまで劣勢であっても、気持ちが入ったタックルが決まるだけで試合の流れが変わるのがラグビーです。それまでスクラムで押されていたとしても、後半開始の直後、一本目のスクラムでプレッシャーをかけることができれば、「何かがおかしい」と、相手の歯車を狂わせるきっかけになります。私たちも、こうした後半の入りの大切さは、十分に理解していました。

しかし七連覇中の新日鉄釜石は、それ以上に、ハーフタイムの使い方、そして後半の入り方の重要性を熟知し、徹底的にプレッシャーをかけるスクラムを組んできました。

その当時の新日鉄釜石のフォワードには、日本代表選手が、ずらりと並んでいました。勝つために必要なことを熟知したメンバーが、後半最初のスクラムに勝負をかけてきたのです。最大限のプレッシャーをかけて――。

このとき神戸製鋼は押されこそしなかったものの、狙っていたようなプレッシャーをかけることはできませんでした。経験に基づく試合感、あるいはラグビー感の差を、まざまざと感じさせられたという体験です。

ラグビーは関係性のスポーツです。スクラムやラインアウトなどのセットプレー、モールやラックといったボールの争奪戦、バックスがサインプレーで突破を図り相手がタックルで止めようとする攻防……相手チームとの関係性において、どこの部分で勝っているか、あるいは、どこの部分で負けているか、これらをしっかり把握していなければなりません。

対戦が決まってから、劣っている部分があれば、試合までに練習を繰り返して、その差を埋める。そして有利な部分はぐんと伸ばし、試合当日を迎えるのです。

試合ではゲームプランを立て、そうして実際に対戦すれば、優劣はさらに明確になる。

そのため前半終了後のハーフタイムでは、自分たちがやろうと思っていたが実現していないこと、あるいは相手との関係性で想定とは違っていたこと、などを再検証する。ハーフタイムでは自分とチームとを再検証しながら、後半のゲームプランを練るのです。

正しい判断はチームによって異なる

ラグビーでは、グラウンドに立っている選手だけで状況判断を遂行します。監督はグラウンドの外にいるからです。が、こうした部分もラグビーの醍醐味《だいごみ》の一つ。刻一刻と状況が変わるなか、監督の指示ではなく、プレイヤーの判断だけでゲームを組み立てる。しかも攻守がめまぐるしく交替するなか、一チーム一五人の選手が、それぞれの立場で状況判断を行っていくのです。

当然、状況に応じて正しい判断ができないとダメなのですが、体も同時に反応しなければなりません。こうして初めて、良いゲームを実現できるのです。

面白いのは、「正しい判断はチームによって異なる」ということです。

チームには、それぞれ個性があります。その個性が「こういうケースでは何をするか」

1986年のスコットランド遠征時の集合写真。前列中央が著者

という部分で差異を生じさせます。戦術や戦略の違いといってもいいでしょう。

しかし実際の試合では、相手チームの動きに相応して、その差異にもズレが生じることがあります。ハーフタイムでは、そのズレを修正するのですが、まずはグラウンド上で何が起きているのか、それをしっかり認識できないと、修正することもできません。

二〇一九年のラグビーワールドカップ日本大会におけるスコットランド戦。日本は二八対二一で勝利し、予選リーグ突破を決めました。この試合では、前半、日本は完全にペースをつかんでいましたが、後半に入ってスコットランドが戦い方をガラッと変えてきました。

前半を二一対七で折り返した日本……しかしスコットランドは、「日本の選手の脚が止まっている」と、冷静に分析していました。そして、どんどん外にボールを回す展開ラグビーを仕掛けてきたのです。

しかしスコットランドのラグビーは、伝統的に、キックを多用する堅実な攻め方が持ち味。積極的に外に回すような戦い方は、それまでしてこなかったのです。

すると日本は、スコットランドの突然の戦略変更に呑み込まれてしまいます。後半開始すぐに七点を奪いますが、そこから先は、完全にスコットランドのペースになりました。

すなわちスコットランドは、ハーフタイムできちんと前半に起きた事実を確認して、相手との関係性を再検証し、外にボールを回す展開ラグビーという戦い方を選択したのです。

スコットランドのケースでもう一つ特筆すべきは、「外にボールを回して展開ラグビーをする」という、普段の試合ではやらないような戦略を採ったことです。ハーフタイムは「チームが試合に至るまでのプロセスを思い出す場」ではあるのですが、外に展開するラグビーという、これまで試合では見せることがなかった戦略まで、スコットランドは組み込んできました。

ただし、外に展開するラグビーができるからこそ、相手チームの状況を見て、「いまはこの戦略を採る」と決断できたのです。つまり、自分たちのチームを熟知していれば、持っている力を棚卸《たなおろ》しして、相手に合わせ、使い分けていく、ということが実現できるのです。そうでなければ、突然の戦略変更など、絶対にできなかったでしょう。

「内なる自分」は周囲の空間とつながっている

自分を知るという行為は、人間にとって、いちばん難しいといわれます。

たとえば、自分が将来成し遂げたい夢があったとします。ただ、その夢は本当に自分自信の魂から湧き上がった夢なのかどうか、それを答えられる人は、そんなに多くはないでしょう。いま自分が目指している夢は、社会から、あるいは周囲の人から与えられた夢だ、ということもあります。

そして年齢を重ねると、社会での役割も増していきます。すると、世間を生きているのか、本当の自分の人生を生きているのか、それが分からなくなることもあると思います。このとき、自分自身をまぎれもない主体にして生きていかないと、鮮やかな生き方はできません。鮮やかに生きていくためには、自分を知ることが不可欠なのです。

私が行っている研修は、「内なる自分」を垣間見《かいまみ》ることを目的としています。それが上手に行くと、それまで気が付かなかった本当に素敵な自分と出会うことができるからです。

この「内なる自分」は体のなかにだけあるのではなく、空間にも広がっています。意識には、顕在意識があり、その奥に潜在意識があり、さらにもっと深いところに集合的無意識がある、そう心理学者のカール・グスタフ・ユングは提唱しました。この集合的無意識は「虫の知らせ」のようなもので、互いに因果関係はないにもかかわらず、意味のつながった出来事が同時に起きることを意味します。

シンクロニシティ、すなわち「意味のある偶然の一致」「自分が思っていることが、なんらかの形で現実になること」が起きるのも、集合的無意識の働きではないでしょうか。人間は自分自身の内にある意識だけではなく、コンピュータがクラウドにつながるように、周囲の空間、集合的無意識、宇宙意識とつながっているからこそ、虫の知らせのような閃《ひらめ》きを受け取ることができるのではないでしょうか。そして、この世にあるものはすべて、それぞれが独自の波動を持っており、そのうち同じ波動だけが共鳴し合うのだと考えられています。

「私はどこにいるの？」「心はどこにあるの？」といったことは非常に難しい問題ですが、「主体としての自分が体のなかにだけ存在しているのではない」と思うことがあるのです。

神戸製鋼が初優勝したとき、私自身が「変わらなければいけない」と考えて、本気でリハビリに打ち込んだエピソードには触れました。相当きつい思いをしたのは事実ですが、私一人だけで成し遂げることができたのではありません。さまざまなプロフェッショナルに相談し、そうした人たちの力を借りて実現したことなのです。

リハビリメニューを組んでくれたトレーナー、研究開発中のトレーニングマシンを貸してくれたアシックス、そして「いま君にできるすべてのことをやりなさい、会社には私が話しておくから」といってくれたラグビー部長……「このままではラグビーを恨むことになってしまう、いまやらなければ」と誓った私を、多くの人がサポートしてくれました。

私が私に戻るとき主体的に生きることができる

星座――それぞれの星は別々の場所にあるのですが、それを見ている人は、星の並びだけを見て物語を感じ、それを星座とします。

人間でも、潜在意識の部分に強烈な願望があると、シンクロニシティ（意味のある偶然の一致）が起きて、いろいろな人の潜在意識が集まって、物語ができ上がることもあります。それぞれは気づいていないのかもしれませんが、偶然の一致で同じ道を選ぶ、人が人に引き寄せられる、そんな瞬間が間違いなくあります。人生がどう進んでいくかは、偶然の一致も大きな要素になっているような気がします。

第5章は「チームと自分を再検証する技術」がテーマです。自分を再検証するためには、やはり自分を見つめ直す、すなわち「内観」する必要があります。

私自身は仕事として、ずっと内観をテーマに研修を行ってきました。自分のなかにある真実とは、楽しかったり嬉しかったりした記憶だけではない。むしろ、苦しい、辛《つら》い、悲しい、悔しいといった記憶のなかにこそ、真実が秘められているのだと思います。

しかし人は、ついつい、こうした負の記憶を避けたり、抑え込んだりしてしまいます。ただ、そこを見つめていかないと、真実の自分、本当の自分に出会うことはできません。

隠さず、飾らず、自分のなかにあるドロドロした記憶を見つめ直すと、そこから自然と、涙が湧き上がってくるものです。その涙を体験したときに、その奥にいる素敵な自分に出会うという現象が起きるのです。

その私が私に戻る瞬間、人間として主体的に生きることが実現する。それを可能にするのが、感性の力なのだと思います。

人間が持つ本音、それは感性がとらえたものです。一方で、理性がとらえるものは建て前。主体的になって、私が私にならないのならば、いったい誰が私になるのでしょうか。飾ったり、ごまかしたりするのではなく、ありのままの自分になることができて初めて、他人を認めることができるのです。

主体的になるというプロセスを作らない限り、他人を他人と認めることはできません。ありのままの自分になることができて初めて、他人を他人と認めることが叶《かな》い、和していくことができるのだと思います。

強い組織を作る「順応モード」

さて、ハーフタイムで再検証して導き出した結果、それを活かすためには、どのような組織を作れば良いのでしょうか。

人間には、物事を素直に受け入れる「順応モード」と、その反対の「反発モード」があります。恐怖を感じているときに人は力を出すことができない、と第4章で書きました。というのも、人は恐怖を感じたときに「反発モード」に切り替わるからです。一方、「順応モード」のときは、スポーツに限らず、人間はパフォーマンスを上げることができる――。

たとえば強いプレッシャーがかかって「失敗したらどうしよう」と「反発モード」になれば、本当の能力を発揮することはできません。一方、仲間と互いに信頼し合える環境下にあれば、「順応モード」で挑戦することができます。しっかりと実力を発揮できる可能性も高まります。

また、人は常に愛に飢えている存在です。組織のなかに自分の居場所があり、それを組織が感じさせてくれるかどうかは、ものすごく大事なことなのです。

心理的に安全だと思える場、「あなたは大切なチームの一員ですよ」といってくれる組織に属しているかどうか、それが非常に重要です。

たとえば仕事をするにしても、「お前、本当に役立たずだなあ」などといわれて「反発モード」に陥ってしまう職場なのか、「今日も助かった、ありがとう」といわれて自己重要感が高まる「順応モード」の職場なのか、それによって、その人が持っている能力を発揮できるかどうかが、まったく異なるのです。

これは先述の「want to（～したい）」「have to（～しなければならない）」にも通じるのですが、仕事をやらされるのであれば、どうしても「反発モード」に陥って、辛くなります。やはり、自分がその仕事を自発的にしたいかどうかが重要なのです。

社員やチームメンバーが「want to」と思える環境を作るのは、経営者や管理職、あるいはキャプテンといったリーダーの役割です。彼らがしっかりとした理念を打ち出し、それに対して皆が価値を見出せるようになれば、自然にその理念を成し遂げたいと感じるようになり、「順応モード」に入っていきます。

仕事の進め方やノウハウを教えたところで、それは「末学」の世界です。そこの部分ばかり教えて、「本学」の部分である仕事の価値を社員やチームメンバーに知らしめることができなければ、それこそ「本末転倒」になるのではないでしょうか。

本章では「チームと自分を再検証する技術」をテーマにしていますが、そのためには、まず組織のリーダーが打ち出す目的が明確であり、優れているものでなければなりません。そして、その目的に対し、どれだけ社員やチームメンバーが自分たちのベクトルを重ね合わせることができるかが重要です。

その際、怒ったり叱《しか》ったりといった恐怖で社員やチームメンバーを従わせようとしてもうまくいきません。これでは「have to」になってしまい、下手をすれば「ブラック企業」の烙印《らくいん》を押されかねません。

ただ最後に一言、私らしい発言をお許しください。ハーフタイムにチームや自分を再検証するとき、絶対に弱気になってはいけません。戦っているときに弱気になったら、もう負けたも同然。一〇〇回たたいて倒せなかった壁も、次の一回で崩れ落ちるかもしれないのですから――。

任天堂、ソニー、アップルの視点から分かること

ところで、目の前の課題にだけフォーカスしても、結局はその場しのぎに過ぎず、本質的な問題の解決にならないことはよくあります。最近でいえば、「ＤＸ（デジタルトランスフォーメーション）」が企業の課題として声高《こわだか》に叫ばれていますが、このＤＸは、いかにＩＴ技術を社内に浸透させて仕事の生産性を高めるか、という話。すなわち、あくまで

手段なのです。

生産性を高める手段はＤＸではなく、もっとほかの部分にあるかもしれないのに、「他社がやっていることだから」と飛びつくのは、それこそ「本末転倒」なのではないでしょうか。

事業を進めていくにしても、少し見方を変えるだけで、まったく違うものが見えてくるかもしれません。それなのに、一部分にしかフォーカスを当てようとしない人の場合、目先のことだけに困難を見出し、事業を諦《あきら》めてしまうことすらあります。

たとえば任天堂は、ゲームの機器やソフトの開発・販売を行っている会社ですが、もともとは花札やトランプなどのカードゲームを販売していました。しかし、一九六〇年代にカードゲームそのものが廃《すた》れ、そのため電動式玩具やエレクトロニクス玩具に注力するようになりました。そして一九八三年には、大ヒットすることになる「ファミリーコンピュータ」いわゆる「ファミコン」を発売し、現在に至っています。

実は、いまでも花札などの販売は行っています。が、ずっとこれだけにこだわっていたら、現在のような隆盛を見ることもなく、株価時価総額で国内上位にランキングされるような会社にはなっていなかったでしょう。

この任天堂のハーフタイムはどういう「場」なのかは詳しく知りませんが、常に自分たちのことを再検証しているからこそ、成長性のある事業に注力できたのは間違いありません。

一方、日本を代表するメーカーたるソニー。現在は好調ですが、業績が厳しい時期もありました。

いま流通しているスマホを使えば、電話だけでなく、音楽を聴いたり動画を観たり、あるいはインターネットに接続したり、ゲームをしたり、写真を撮ったりと、あらゆることが可能です。

ソニーは、「ウォークマン」やパソコン、あるいはデジカメや携帯電話などで、トップレベルの技術を持っていました。しかし、これらの技術を一つにまとめ上げ、スマホを世に出したのは、ソニーではなくアップルでした。これらの機能を搭載し、自社のOS（オペレーティングシステム）を入れた「iPhone」を開発し、人類に欠かせないともいえる商品に育て上げたのが、アップルなのです。

一方のソニーは、現在もスマホを販売してはいますが、グーグル製のOSであるアンドロイドを搭載したスマホを販売するメーカーの一つに過ぎません。

一九八〇年代にウォークマンで世界の若者を熱狂させたソニーが、なぜアップルよりも先にスマホを世に出せなかったのか？　私はソニーの社員ではないので確定的に述べることはできませんが、ソニーとアップルの経営者が見ていた近未来の景色が違っていたことだけは明白です。

ビルの一階から見える風景と五〇階から見える風景は、まったく異なります。一階からの風景を見ながら、五〇階からの風景も想像し、自分たちがどこに進むべきか、その方向性を示す――そうした能力が、リーダーには求められるのだと思います。

意図的にハーフタイムという「場」を作ると

そうして、どこに進むべきかが見えてきたならば、「Be→Do→Have」の順番で進めていきます。何かを得よう（Have）と思ったら、行動（Do）しなければなりません。ただ、その行動に移る前に、自分自身のあり方、すなわち（Be）があるのです。

ところが私たちの多くは、この順番の逆、「Have＋Do＝Be」で生きています。これは「なりたい自分になるためには、まず必要なものを手に入れてから行動する」という考え方です。

たとえば、自由に生きたいと考える人がいるとすれば、次のような思考をします。「お金が手に入る＝Have」→「いまの仕事を辞めて好きな仕事をする＝Do」→「自由に生きる＝Be」……こんな具合ですが、これでは自分では対処することのできない条件に振り回されてしまい、いわば依存的な生き方になりがちです。

しかし、主体的に自分の生き方を策定しなければ、他人に従うだけの人生になってしまいます。成功するしないにかかわらず、これでは自分自身の人生を歩むことができません。

では、「Do＋Have=Be」で生きると、どうなるのでしょうか？　「たくさん仕事をする＝Do」→「お金をたくさん稼ぐ＝Have」→「自由に生きる＝Be」となります。

この場合、「なりたい自分になるため、まず行動する」という点では、「Have」から始めるよりも、主体性を持った生き方ができます。頑張れば頑張るほど、なりたい自分にも近づけるので、満足感も得やすいでしょう。しかし、お金を得ることができなければ、徒労感しか残りません。

最後に「Be＋Do＝Have」の順番で生きていくとどうなるのでしょうか？　「Be」が最

初に来るので、まずは自分がなりたい状態に「浸りきって」生きてみる。そして、その状態で行動する（「Do」）。そうして初めて、望むものが手に入るのです（「Have」）。

自分がなりたい姿を眼前にイメージする、その状態に届いていなくても、イメージのままに行動してみる……自由に生きたいのであれば、たとえばワーケーション、すなわち旅をしながら仕事をしてみるのもいいでしょう。

そうした「場」での出会いが新たな仕事につながり、自由に生きるための一歩を踏み出せるかもしれません。

このように、会社でもチームでも、意図的にハーフタイムという「場」を作り、自分とチームを再検証していくべきでしょう。そうして進むべき方向が定まれば、自分の理想の姿に思いをいたし、それに「浸りきって」みる。そうすることで、再検証は、より効果的なものとなります。

すると、後半戦に向け、必ず良いスタートが切れるはずなのです。

第6章

アタック

——攻勢に出る瞬間を見極める技術

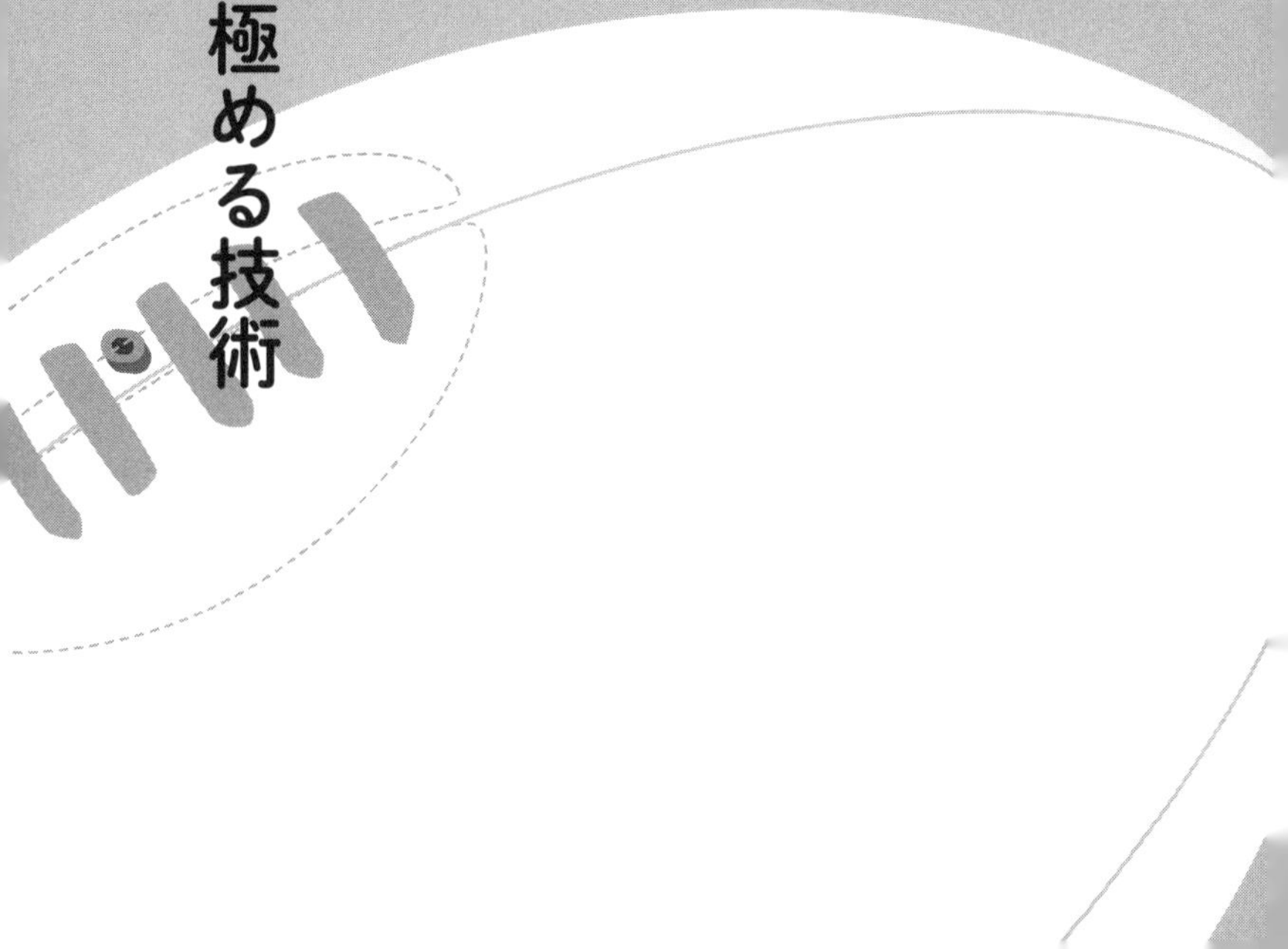

オールブラックスでは助け合いなど期待しない

ラグビーは試合の流れのなか、攻守が入れ替わります。一気呵成《いっきかせい》に攻めていても、いったんボールを奪われてしまったら、すぐに守りに入らなければなりません。逆に、守勢のときにボール奪えば、反転して攻撃することができます。

野球やアメリカンフットボールのように、攻めと守りがしっかりと分けられたスポーツとは異なって、こうした瞬時の変化に対応しなければ、勝利はつかめません。

そして、どんなに実力差があったとしても、どちらのチームにも、いわゆる「試合の流れ」がやって来ます。そこでトライを取りきることができるかどうかが、その後の試合の流れを大きく左右します。

実力的に優位だったとしても、取るべきところでトライを取れないと、次第に歯車が狂い始め、ミスを連発するようになります。逆に、実力的に劣っていたとしても、気持ちが前面に出た好タックルを連発し、接戦に持ち込むこともできるのです。

一方、流れがまったくないときには、守って守って、耐え抜かなければなりません。その間に流れを読み、相手チームの戦術の綻《ほころ》びがどこに生じるのかを観察し、それを起点に流れを変えるのです。

ただ、その綻びさえ見つからない、本当にしんどいケースもあります。その場合は、目の前の一つのプレーに徹底的に集中する。それ以外、できることはありません。

たとえばスクラムをしっかりと組む、自陣でのマイボールのラインアウトを確実に確保する、そうしたことから流れを取り戻すこと以外、立ち直る術《すべ》はありません。

守って、守って、守って……一回でもタックルミスをしたら、あるいは一つでも相手にペナルティキックを与えたら負けるという瞬間が、ラグビーにはあります。そうしたときは、試合に出ているメンバーがどれだけ正確なプレーができるか、そして、それをやりきれるかにかかっています。

そのために、「チーム内では互いに助け合うべきだ」という意見をよく聞きますが、私は最初から助け合いを前提にしたチーム作りはしません。もちろん、ミスが起きた場合は助け合う必要があります。が、最初から助け合うことを前提にした組織は、絶対に、強い組織にはなれません。

一九八七年にオールブラックスが来日したときの話をしましたが、彼らは韓国や香港の選手を中心としたアジア・バーバリアンズとも試合をしました。このときは九六対三でオールブラックスの圧勝。流れるような攻撃の美しさを、いまでも鮮明に覚えています。

　この試合の終了直後、旧知のオールブラックスのプロップの選手と会い、試合の感想を訊《き》きました。すると、意外な言葉が返ってきました。

「今日はまったくダメだった。三二回もミスがあったからだ」

　……これがコーチやリーダーの言葉ならば、まだ理解はできます。しかし、大勝した試合が終わった直後、一人のプレイヤーが細かなミスも含め、三二回も把握《はあく》している。このことに私は、大きな衝撃を受けました。

　オールブラックスでは、ほかのメンバーに助けてもらおうなどという甘えた考えは、誰も微塵《みじん》も持っていない。それぞれが自分の責任を果たそうとし、それを全《まっと》うする。だからこそ、強いチームでいられるのです。

　ただ、何か特別なことをしているわけではありません。一つ一つ、基本に忠実に、当たり前のことをやる。それをミスなくやりきるから、世界一のチームであり続けるのです。

　オールブラックスの選手たちは、ナイーブな助け合いなど、まったく期待していません。そこにあるのは、全員が自分の責任を果たそうとする真摯《しんし》な姿だけなのです。

リーダーの「運を引き寄せる力」の研究

攻めに転じる際には、「運を引き寄せる力」も大切です。

ある銀行関係者から聞いた話。イギリスの金融誌「バンカー・オブ・ザ・イヤー」にも選ばれた小松康《こまつこう》さんという住友銀行で頭取をされた方がおられました。その銀行では、企業再生のため、取引先企業に人材を派遣していました。すると担当者は、小松さんに対し、「企業再建のためには、どのような人材を送ればいいのでしょうか」と聞いたそうです。

この担当者は、「財務に強い人を」などという答えを期待していたそうですが、小松さんの答えは違いました。「運の強い人」だったのです。しかも、自分の運が強いだけではなく、組織にも幸運をもたらす人なのだそうです。

この話を聞いて私は、運は、経営者やリーダーの総合力を示すものではないだろうか、と考えました。

運は、アクションを起こしていない人のところには引き寄せられてきません。音叉《おんさ》が同じ周波数で共鳴するように、ポジティブな想念を持っている人のところだけに幸運が吸い寄せられて、共鳴するのではないでしょうか。

ただ、自分が顕在意識のなかで「できる」と思っていたとしても、同時に「できないかもしれない」という不安もあるものです。そのため真のポジティブな想念を持つということは、すなわち潜在意識のなかでさえ、「できる」と確信することなのです。邪気《じゃき》のない子どものような無邪気さで、信じきることが重要です。

ではなぜ、顕在意識だけでなく、潜在意識でも「できる」と信じるポジティブな想念を持つ必要があるのでしょうか。

「自己組織化」という言葉をご存じでしょうか。雪の結晶は美しい形をしていますが、水の分子が集合して、自然にでき上がったものです。こうした雪の結晶のように、秩序や構造が自然に完成する不思議な現象のことを、自己組織化といいます。もちろん人間社会でも、自己組織化は起こります。

たとえば人は、主体的に行動していると、何かしらの出来事をきっかけに、人生が好転することが多々あります。これが、ポジティブな想念のもとで起こる自己組織化であり、そして、それをつなぎ合わせるのが運なのだと思います。

また運の良い人は、縁を大事にします。たとえば自分だけが知る情報を、縁を大切にしてくれている人に渡します。「偶然、ある情報を知っていたから、危機を回避できた、運が良かった」というふうになれるのは、運を人が運んできているからなのです。

そう考えると、縁を大事にして相手に好かれる人は、そこに運が寄ってきます。人と人との縁を大切にして、人を裏切らず、誠実で仲間を大事にする、そうした関係性を作ることができる人でなければ、運は寄ってこないのだと思います。

成功した人の「運が良かった」の意味

ラグビーの話に戻ります。ディフェンスがずっと続く場面で、キャプテンがポジティブな想念で苦しい局面でさえも楽しむことができていたとしたら……チームメンバーも巻き込み、こぼれたボールを拾って、素早く攻守の切り替えを行うことができるのではないでしょうか。

逆に、苦しさや辛さばかり感じているキャプテンのもとでは、攻撃側の綻びに気づくのも遅れます。これでは運が転がり込んできたとしても、チームメンバーは気づくことができません。いま置かれている状況を正確に把握し、その分析結果を仲間に伝えて鼓舞《こぶ》できる、そんなリーダーのいるチームにも、やはり運が転がり込んでくるのだと思います。

たとえば会社存亡の機に、リーダーが「会社は潰れるかもしれないが、命まで取られるわけじゃない、再起も図れる」という発想ができれば、社員はそれだけで安心するものです。ポジティブな想念とは、昔流にいうと、正しい「腹の据わり方」なのだと思います。

そして、こうした荒波を乗り越えたリーダーは、必ず「俺は運がいい」と断言します。『日本経済新聞』紙上でビジネスリーダーの半生を描く「私の履歴書」を読んでいても、「たまたま」「ふとしたことで」「幸いなことに」「折よく」といった、運の良さを示す言葉がたくさん出てきます。

一方、失敗している人ほど、「私は運が悪いので」と、運のせいにしているケースが多い。これは、運というものの不思議さと、重要性の表れではないでしょうか。

結局のところ、人間は関係性のなかで生きているので、一人で実現できることは、ほとんどない。いわゆるシンクロニシティによって人間がつながっていき、初めて個人の夢が叶うのだと思います。

それは「あみだくじ」のようなものなのかもしれません。何を選ぶかで結果が変わる、あるいは「わらしべ長者」のように、「雪だるま式」に成功が積み重なっていくような流れがあるのかもしれません。そうしたことは理屈ではなく、体感しないと分からないので、成功を成し遂げた人は、「いや、たまたま運が良かったのですよ」と、表現するのではないでしょうか。

限界は自分が作り出すもの

アタック、すなわち攻勢に出るときは、当然、諦《あきら》めない気持ちが不可欠です。勝ちを信じきることがチャンスを引き寄せる、そしてチームを勝利に導くのです。

神戸製鋼が三連覇を達成した年は三洋電機が強く、とても厳しいシーズンでした。この三洋電機とは、一九九一年一月の全国社会人大会決勝戦で戦いました。

その試合では、ロスタイムで四点差を神戸製鋼が追いかける展開で、最後のワンプレーを迎えました。神戸製鋼はナンバーエイトの大西一平《おおにしかずひら》がサイドアタックを仕掛けてラックを形成、そこから出たボールをスクラムハーフの萩本光威《はぎもとみつたけ》が拾い上げ、スタンドオフの藪《やぶ》木《き》宏之《ひろゆき》にパスを送りました。

このとき藪木は三洋電機の選手につかまりましたが、倒される寸前、右に展開しました。すると、パスは藪木の右にいたセンターの藤崎泰士《ふじさきやすし》を越えてバウンドし、その隣のセンター平尾誠二の手に、すっぽりと収まりました。このとき平尾はステップで相手を一人かわし、次の相手選手からタックルを受ける直前、絶妙なタイミングでタッチライン沿いを走り込んできたイアン・ウィリアムスにパスを送りました。

このパスをキャッチしたウィリアムスは、ハーフウェイラインの手前から、約五〇メートルを駆け抜けました。最後は、追いすがる三洋電機の選手を振りきり、ゴールのほぼ真下にトライ。これで一六対一六の同点に追いつき、その後、キッカーの細川隆弘《ほそかわたかひろ》が逆転のコンバージョンを決め、劇的な勝利を収めたのです。

この試合、私たちはベストのプレーを続け、ワンチャンスが訪れるのを待ちました。結果、信じ続けることのできた神戸製鋼が勝利しました。試合終了の笛が鳴るまで、誰も勝利を諦めませんでした。この勝利への「粘着力」で神戸製鋼が三洋電機を上回ったからこそ、勝利を手にすることができたのです。

「粘着力」の象徴となったのが、平尾へのパスでした。バウンドしたボールが平尾の手のなかにすっぽりと収まった……あのバウンドで、三洋電機のディフェンスにズレが生じ、

神戸製鋼の練習中にパスを受ける著者

神戸製鋼の攻めるスペースが生まれたのかもしれません。

　ラグビーボールは楕円球です。地面上で跳ね返った角度によって、どのようにボールが動くかも分かりません。しかしこのときは、たまたま跳ね返ったボールが平尾の手のなかに収まった、という偶然ではないのです。バウンドをした球を確保するために試合までの一年間があった……だからこそ、この結果は必然なのです。

　ラグビーボールはどこに転がるか分からないので、なるべくバウンドをさせないのが鉄則です。ただ、それでもバウンドするボールを確保することが勝敗を決する試合もあります。

一回、二回、三回……バウンドの回数が増えるほど、どこに転がるか分からず、不確実性は高まる。ただし、バウンドした瞬間がいちばん確保しやすいので、日々の練習で、バウンドしたボールにどのように働きかけるかということは、徹底的に研究していました。

そうした必然が積み重なった。そして勝利への「粘着力」が運を引き寄せ、平尾の手のなかにボールがすっぽりと入った。これは幸運ではありません。必然なのです。

しかし、それでも、どこかで倒れることはある。ただ、どうせ倒れるのであれば、前のめりに倒れたいものです。というのも、限界とは、自分が作ってしまうものなのですから――。

体操選手は、自分の頭のなかでイメージできる技は、練習を積み重ねれば、必ず成功させられると述べました。同様に、仕事でもスポーツでも、できると思ったことは実現できるはずなのです。であれば、常に前のめりに倒れる気持ちで、自分の限界を超えていく。それ以外、勝利をたぐり寄せることはできないのです。

スコットランドを破った宿澤式チームビルディング

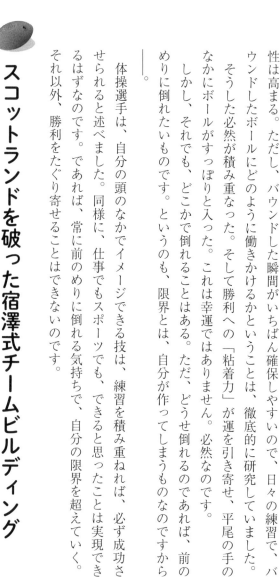

私は宿澤広朗《しゅくざわひろあき》さんが監督をしていたときに日本代表に選ばれました。この宿澤さんは、ビジネスの世界でも活躍され、三井住友銀行の取締役専務執行役員にまでに上り詰めた人です。二〇〇六年に急逝《きゅうせい》されましたが、銀行関係者によれば、ご存命であればその後、頭取にまでなったであろうといわれた人でした。

そんな宿澤さんですが、銀行員としてはディーリング業務を担当されていました。しかし私がイギリス留学時代、ほかの銀行の日本人ディーラーから聞いた宿澤さんの印象は、あまり芳《かんば》しいものではありませんでした。ただ、ディーリングは生きるか死ぬかの勝負の世界。その勝負に敗れ、煮え湯を飲まされた人たちからの評価が悪くとも、むしろ、それは最高の褒《ほ》め言葉だといえるのかもしれません。

ディーラーとしての宿澤さんは、徹底的に勝ちにこだわったといいます。「勝つことのみが善である」という言葉を座右の銘にした人。また宿澤さんは、強運の持ち主でもありました。

そして、イングランド、アイルランド、スコットランド、ウェールズの四ヵ国、それからフランス、ニュージーランド、オーストラリア、南アフリカ……こうしたラグビー先進国から勝利を挙げることが、日本の悲願でした。そのスコットランド代表から、一九八九年、初めて勝利を収めたのが、宿澤ジャパンでした。

このとき宿澤さんは、試合前からスコットランドには勝てることを公言し、試合後には「約束通り勝ちました。ね、だからいったでしょ。しっかり守れば、勝てるって」と、インタビューに応えたことは有名な話です。

しかも現在のように選手がプロ化していない時代です。全員がアマチュア選手なので、長期間の合宿のような徹底的な強化策は採れませんでした。そのため、総合力というような観点からではなく、一芸に秀《ひい》でたメンバーを集めました。そして、スコットランドに勝つために、適材適所でチーム編成をしました。

たとえば、プロップでいえば田倉政憲《たくらまさのり》を選んだのですが、彼は自他共に認める不器用な選手でした。が、とにかくスクラムが強い。そして、素晴らしいタックラーでした。

私自身、第二回ワールドカップに向けて絞り込み、もの凄く調子が上がってきたタイミングで、「フォワードリーダーをやってくれ」といわれました。絶妙なタイミングで宿澤さんから頼まれたことを覚えています。

このスコットランド戦では、宿澤さんには、勝利するための確固たるストーリーがあったのかもしれません。が、一般的に見たら、劣勢に立たされることが予想されていまし

第2回ラグビーワールドカップのチームメンバー

た。このとき宿澤さんは、まさに攻勢に出る瞬間を見極めつつ、チャンスが来たら一気に勝負をするため、適材適所のメンバーを集めたのだと思います。

この頃、世界のラグビーは、どんどん大型化を図っている時代でした。スコットランドもフォワードの第三列が大型化していたのですが、その分、少し動きが遅くなっていました。

「そこに隙ができる」――そう宿澤さんは確信していました。

そして、その隙を見逃さないためには、総合力では劣るかもしれないが、スピードでは絶対に負けない選手を配置しました。その結果、スコットランドから勝利をつかむことができたのだと思います。

しかし、日本というホームではスコットランドに勝利しましたが、ワールドカップという世界の場では、やはり勝てない。第二回ワールドカップでは、ジンバブエには四四点差で勝利しましたが、残念ながら、ほかの試合には敗れました。それでも歴史的なワールドカップ一勝を果たしたのですから、やはり宿澤さんは、運を持っていたのです。

そして、日本代表が世界でどのように戦えば勝てるのかを示してくれたのは、二〇一五年にイングランドで行われたラグビーワールドカップで南アフリカに勝ってみせた、ヘッドコーチのエディー・ジョーンズだと思います。

エディーは常々、「ワールドカップで優勝するチームは先発一五人の総キャップ数（テストマッチ出場回数）が六〇〇以上。それだけのインターナショナル試合の経験値が必要になる」といっていました。私も実感として同様に感じてはいたのですが、具体的な数字として言葉に落とし込むことはできませんでした。

こうした戦略的に数値化して物事を見る力が、指揮官には不可欠です。そして、それを周囲と共有するために言語化できるのは、本当に素晴らしい能力だと思います。

宿澤さんにしろ、エディーにしろ、リーダーが勝利のイメージを確信することは非常に重要であり、かつ、そこに行き着くまでのストーリーをチームメンバーに描いてみせなければなりません。そうでなければ、アタックの機をつかむことはできないのです。

ベンチャー企業への心強いメッセージ

平尾誠二もまた、勝利のイメージを持ち、そこに至るまでのストーリーを描けるリーダーでした。特に平尾は、自分でプレーしながらグラウンド全体を俯瞰《ふかん》し、瞬時に勝利のイメージを組み立てることに長《た》けていました。

たとえばライバルチームの試合を観て、「このサインプレーをやられたら、うちのチームは抜かれる。でも、それはこういうディフェンスをすれば止められる」と具体的に示せる。そして実際の練習で、そのサインプレーを控え選手たちにやらせると、レギュラー組は見事に突破されてしまうわけです。

すると今度はレギュラー組を集め、いまのサインプレーに対し実際にどのように動いてディフェンスするか、それを伝える。そして、次にもう一度、先のサインプレーを控え組にやらせると、今度はレギュラー組がバチッと止めることができる。試合中に、相手のチームの戦術を自分たちチームの戦術に反映させ、それをシミュレートすることが、平尾にはできました。

そんな平尾が、まだ結婚したての頃、私が彼を車で自宅に送っていったことがあります。すると、「林さん、飯でも食っていきませんか?」という。彼の自宅でお相伴《しょうばん》に与《あずか》ることになりました。

平尾はインテリアにも興味があるので、このときは「このソファ、洒落《しゃれ》ているでしょ」「このスタンドライトかっこいいでしょう」などといいながら、家のなかを案内してくれました。

そのとき、「このスタンドライト、僕のイメージに、いちばん近かったのです。ちょっと違う部分もあったのですが、これが近かったので買ったのですよ」などという話をしていました。

つまり平尾は、まずリビングルームという空間をイメージし、頭のなかでどのようなスタンドライトであればリビングに合うかをイメージしていたのです。私などは、実際にスタンドライトを買ってきて、リビングに置いてみないと、マッチするかどうか分かりませんが……。

この逸話《いつわ》とラグビーを同一視するのは正しくないでしょう。しかし、戦術や戦略において、やはりイメージは重要です。

神戸製鋼の初優勝時、必ずしも最強のメンバーが揃っていたわけではない、というエピソードは先述しました。そのときのメンバーで勝つ方法を考えたとき、平尾はシンプルに「ボールを空いているスペースに運べ」というメッセージをチームメンバーに送ったのです。あたかも自宅のリビングルームに家具を配置するような感覚で……そうした発想は、私には、まったくありませんでした。

神戸製鋼には私や大八木淳史といった大きくて強い選手がおり、フォワードでゴリゴリ押し込みたくなるようなチームでした。しかし、「無理してフォワードで行くな。モールやラックなどの密集でも、早めにボールを出せ」という戦略を、平尾は採りました。とにかくボールを止めない、選手も倒れず動き回る、そうした練習を一生懸命に繰り返しました。それが新しいラグビーの創造につながっていったのだと思います。

ビジネスの世界でも、同じことがいえるのかもしれません。人材、予算、こうしたことが、すべて揃っているケースはないといっても良いでしょう。新規事業を立ち上げようとするベンチャー企業にとって、人材も予算も足りないなか、いかに事業を成功させるのか……。

当時の神戸製鋼には、スクラムが弱いという致命的な弱点がありましたが、まずは強みを見つけ、一点突破を図りました。すると、弱みが目立たなくなりました。これが、ベンチャー企業への心強いメッセージになれば、と思います。

そうして反転攻勢に出る瞬間を見極め、一気にアタックを仕掛ければ、勝利への道筋も見えてくるはずです。

第7章

サインプレー

——チーム全体の強みを探す技術

ラグビーのポジションの決まり方

繰り返しますが、ラグビーは「関係性のゲーム」です。それぞれの選手がどう動くかが決められているサインプレーなどは、それを表す好例です。

このサインプレーにおいては、結果として相手がどう動くか、が重要です。試合で対戦する相手チームのこれまでの動きなどから分析し、練りに練ったサインプレーを仕掛けることもありますが、それによって相手が動いてくれなければ、意味はありません。

またサインプレーの結果、相手が、こちらが意図したものと違う動きをすることもあります。すると、攻めるべきスペースが想定とは違う場所にできることもある。こうした場合はプレーを中断し、別の攻撃を仕掛けなければなりません。

このとき大切なのは、攻撃側の動きによって守備側がどう動くのかを察知する状況判断能力です。型通りの動きをしているだけで良いのであれば、それはもはやラグビーではありません。

そのため、どのポジションにどのような能力を持った選手を当てはめるのか、その適材適所を考えたポジション選びは、強いチームを作るうえで不可欠です。

人間の顔は千差万別。同様に、それぞれの人間が持つ能力も異なります。そして各自にデコボコがあったとしても、何かしら光る部分を持っているものです。では、それをどのように見つけ、いかに磨き上げていけば良いのでしょうか。

私はラグビーに出会えて良かったと思っています。もしも自分に適合していないスポーツだったならば、現在のような人間形成を実現できなかったかもしれません。

「ツボにはまる」という言い方があります。そのツボにはまれば楽しいし、勝てばさらに嬉しくなるので、どんどんのめり込んでいきます。私もラグビーが楽しくて楽しくて仕方がありませんでした。心も体も弾み、相手選手にぶち当たりたくて仕方ありませんでした。

逆にツボにはまらないと、どんなに練習をしても負け続け、そうして負けても問題意識を持つこともできませんし、何の面白みも感じません。

こうなったら、さっさと見切りをつけて、新しいことを始めたほうがいいと思います。自分の能力を発揮できる場所が、必ずどこかにあるからです。その能力を発揮できるところを見つけてから、初めて勝負に出るべきでしょう。

ただ、どこで能力を発揮することができるのか、こればかりは、やってみないと分かりません。とにかく、まずは何にでもチャレンジしてみる。そうすると、いつか必ず世界が開けていくのです。

繰り返しますが、ラグビーというスポーツでは、それぞれのポジションで求められる能力が異なります。スクラムを最前線で組むプロップには体格の良さとパワーが求められますが、バックスの司令塔たるスタンドオフには、試合の流れを読んだり、相手の弱みを見つけて攻める場所を探す戦略眼が求められます。そしてトライゲッターのウイングには、当然、走力が必要になります。

このように、さまざまな能力を持った人たちによって常にラグビーのチームは構成されているのですが、大なり小なり、企業でも同じことがいえるでしょう。

最近ではプロップにも走力が求められるなど、ポジションごとに求められる能力も変化しています。が、太っている人も痩せている人も、背の高い人も低い人も、足の速い人も遅い人も、どんな人にでも適したポジションがある、それが「多様性のスポーツ」ラグビー。そしてそれは、私たちが所属する社会や企業にも当てはまることなのかもしれません。

なぜ良いコーチは基本を徹底させるのか

さて、選手個人の才能を最大限に発揮するために、普段の練習では、とことん基本をたたき込むべきです。七連覇中の神戸製鋼でも、練習で徹底したのは、やはり基本でした。

とはいえ、単調な基本練習を繰り返しているだけではダメです。それぞれの練習に意味を持たせ、プレーのいたるところにチェックポイントを置き、それができているかどうかを細かく確認していきます。

たとえば味方が相手にタックルされて倒されたシトゥエーション。その際、地面に置かれたボールを拾いに来る相手選手に対し、味方選手がタックルを受けた選手の上で組み合って押し返す「オーバー」という技術があります。

その場合、まずはタックルを受けた選手がしっかりとボディをコントロールし、ボールを味方に有利な場所に置くことが重要です。最初に、これをしっかり身に付けなければなりません。このボディコントロールとボールコントロールができないと、味方に不利な場所にボールを置いてしまうことになり、相手に奪われてしまうからです。

次にオーバーする選手も、強固な姿勢で相手に対して強く低く当たる、しっかりと足をかいて押し込む、そうしたことを強いプレッシャーのなかで正確にできるよう練習します。

さらにオーバーに入る前の姿勢にも、いくつかチェックポイントがあります。まずオーバーに入るときは、下から突き上げるように走り込んでいく。強い当たりができなければ、相手を押し込むことはできません。それこそ数メートル手前から低い姿勢になり、突き上げるようにして入る。これが基本ですが、こうしたことを常に意識していないと、なかなか試合で実現することはできませんし、いわんやサインプレーがうまくいくはずなどありません。

このように、基本プレー一つを取っても細かなチェックポイントが数多くあります。こうした細かいチェックポイントを意識して練習するのが大事なのですが、良いコーチは、まさにこうした部分を徹底させます。一方、いい加減なコーチは、この部分をすっ飛ばしてしまいます。

こうした基本プレーの一つ一つをしっかりと習得すれば、いくらでも応用が利《き》くようになり、初めて胸のすくようなサインプレーに結び付けることができるのです。

ダメコーチとダメ社長の台詞

ところで武道や茶道では、「守破離《しゅはり》」が大事だといわれます。「守」は型を身に付ける第一段階、「破」は型を応用して改良する第二段階、「離」は型から独立する第三段階です。このうち第一段階の「守」の部分を細かくチェックしながら教えてあげないと、「破」「離」という次の段階に進むことはできません。

小学生のラグビースクールの練習などを観ていると、「タックルに入れ！」などと指示するだけで、細かな技術を教えていないコーチが目に付きます。しかしこれは、子どもの世界だけでなく、大人の世界でも同様です。

「営業成績を上げろ」「売り上げを増やせ」などと号令をかけてノルマを設定するだけで、どのような営業をすれば売り上げを増やすことができるのか、その方法を基礎から社員に教えていない会社は、それこそたくさんあるのではないでしょうか。

また、これまで新規事業を立ち上げた経験などないにもかかわらず、ただ「新規事業を考えろ」と指示するだけで、あとは何もしない社長……こんな冗談のような話も聞きます。

しかし細かく分類された基本プレーは、その選手の習慣になるまで練習を続けなければ、意味がありません。悪い習慣はすぐに覚えますが、良い習慣はなかなか身に付かないもの。そして身に付けようと努力していても、「なぜ、それをやるのか？」と、正確に意義を理解していなければ、途中で嫌になってしまうこともあります。

しかも、最初はプレッシャーのない状態で練習していきますが、最後は本番と同じような強度のプレッシャーを受けながら習得していかなければなりません。これにも相当な根気が求められますので、いっそう具体的な指導が必要になります。

チームの弱みを消すための戦術

原点に戻りますが、自分たちが信じる道を進もうとするには、やはり勇気が必要です。そして一歩一歩、着実に進んでいかないと、最終的なゴールにはたどり着きません。

そしてチーム作りの過程で、当然、苦手な部分に出くわすこともあります。このとき無理に苦手を克服しようとはせず、それに代わるような動きをすることで、相手の強みを無力化できることがあります。

先述したように、初優勝時の神戸製鋼は、スクラムがとても弱かった。そのため自陣ゴール前では、相手にスクラムトライを奪われることも多かった。ゆえに、ゴール前でのミスは命とりになりました。

試合中、スクラムを組まなければならない場面は、何度もあります。マイボールをスクラムに投入したのに相手ボールになってしまう、そんなことが毎回のように起こったら、試合で勝つことはほぼ不可能です。

そこで私たちは、相手のスクラムを無力化する方法を考えました。そして、素早くボールをスクラムから出す練習を、何度も何度も繰り返しました。

通常、スクラムでは、最後尾にいるナンバーエイトが足でボールをキープし、そのボールをスクラムハーフがバックスにパスして、ライン攻撃が始まります。あるいは、ナンバーエイトがボールをキープするのではなく、足元に来たボールを拾い上げ、すぐにスクラムサイドを突進して、ポイントを作るという攻撃も選択できます。

神戸製鋼は、後者の戦術を強化しました。ただ、言葉にするのは簡単なのですが、実際にやってみると、スクラムが崩されてしまうことも多かったので、最初はなかなかうまくいきませんでした。

この戦術を採ると、スクラムの最前列の真ん中で投入されたボールを後ろにかき出すのはフッカーの役割ですが、そのフッキングがうまい選手でないと務まりません。さらに、ボールをスクラムから拾い上げてサイドアタックを仕掛けるナンバーエイトは、突破力と走力があり、ポイントを作るのがうまい選手である必要があります。

当時、神戸製鋼では、大西一平が「フッカーをやりたい」といっていました。が、その大西は、あまりフッキングが上手ではありませんでした。ただ、サイドアタックがうまかった。そこで彼をナンバーエイトに指名しました。

ラグビーではスクラム最後尾の選手の足を基準にオフサイドラインが引かれます。そのためマイボールスクラムが押されると、相手のディフェンスラインがじわじわと上がってくる。また攻撃側は下がりながらボールをもらうことになるので、圧倒的に不利な状況を作り出してしまいます。

それを避けるため、スクラムからの早い球出しを心がけると共に、ナンバーエイトがサイドアタックを仕掛けてポイントを作る――この戦術によって、神戸製鋼のバックスは、イーブンな状態でパスをもらうことが可能になったのです。

「思い」を伝えるための「見える化」とは

こうして神戸製鋼の唯一の死角だったスクラムの弱さは、それほど目立たなくなりました。もちろん、その後の七連覇の過程で、スクラム強化という抜本的な課題解決も行っていきました。ただ、こうした長期的な課題解決と共に、シーズンごとに最高の結果を出すことができるように、短期的・中期的な課題解決も不可欠です。

まずは弱点を消すためのイメージを明確にし、それを具現化するためには誰をどこのポジションに置くかを考えます。そして、一年間の試行錯誤《さくご》を経て成功形を作り上げていく、そんなプロセスでした。

初優勝時は、スクラムは押されるものだと皆が思っていました。しかし押されたらダメなのではなく、初めから押されるものとして、戦術や戦略を組み立てていった。どうせ押されるスクラム……そこから生きたボールをバックスに供給する戦術こそ、ナンバーエイトのサイドアタックというサインプレーだったのです。

これは、どんな組織にも通じる話だと思います。これがダメあれもダメとなれば、最終

初優勝を遂げる直前の神戸製鋼のチームメンバー

的に目指すゴール自体もダメに分類されることになってしまいます。逆に、皆が成功イメージを共有し、一つの形を築き上げていくことができれば、ダメな課題を克服する別の戦術、すなわちサインプレーが見つかるはずです。

このような成功したイメージを共有する作業は、非常に難しいものです。共通のゴールをいかに言葉で説明しても、まったく同じイメージで各自の頭のなかに像を結ぶかどうか分かりません。

実際、私が卒業した同志社大学では、当時の最先端のモールを実践していたので、それを神戸製鋼にも導入しようと思ったのですが、なかなか全員が同じイメージでプレーすることはできませんでした。

現在のように、簡単にビジュアル化できる技術があるわけでもありませんでした。そのため、なるべく正確で具体的なイメージを皆に伝えることに、たいへん苦労した思い出があります。

当時は、「みんな、なぜイメージできないのだろう」と悩みましたが、現在であれば、さまざまな形でビジュアル化することができます。「思い」を説明するのには、「見える化」することが、とても大事なのです。

試合会場への道をシミュレートしたエディー・ジャパン

サインプレーのようなチーム全体の強みを引き出すために準備が大切なことは、理の当然です。二〇一五年のラグビーワールドカップで日本の大躍進をもたらしたヘッドコーチのエディー・ジョーンズは、「準備が九五パーセントだ」と述べていました。私も、その通りだと思います。

これは、当時の日本代表のチームスタッフから聞いた話ですが、エディーは五分でもスケジュールがずれると、烈火のごとく怒り出すらしいのです。ワールドカップでも、南アフリカ戦の直前、ホテルから試合会場まで同タイムでバスを走らせて、それを三回シミュレートしたのだそうです。

するとと試合前日、ラグビーワールドカップ組織委員会から、「渋滞で道が混みそうだから、早めに出発するように」との連絡が入りました。南アフリカ代表は組織委員会からの指示通りに早く出発したのですが、予定よりも相当早く到着してしまったそうです。

しかし、スタジアムに入る時間は決められています。そのため南アフリカの代表選手を乗せたバスは、スタジアムの周囲をグルグルと回って待つしかありません。そのためか、ようやくスタジアムに入り、バスから出てきた南アフリカの選手たちは、眠そうな顔をしていたり、イライラしていたりしたそうです。いずれにしろ、試合に入る前のモチベーションとしては、最悪に近い状態だったといえましょう。

一方、日本代表は三回も予行演習を行っていたので、あまり渋滞のことなど気にせず、時間通りに出発したそうです。そして、予定通りにスタジアムに到着……もちろん、多くの要素が勝敗を決めるのですが、こうした細かいことの積み重ねが、南アフリカ戦での勝利につながったのだと思います。

エディー・ジョーンズがワールドカップ前に長期間の合宿を組み、チーム力の底上げを図った話は有名ですが、この準備は、選手だけでなく、チームスタッフが一丸となって作り上げていくものでした。

実際、エディー・ジョーンズは南アフリカ戦の前、「いい準備ができました。それがちゃんと発揮できれば勝ちます」と、インタビューに答えていました。準備が想定通りに完了した、ということでしょう。

本章のタイトルは「サインプレー」ですが、それはまさに、この「準備」が必要な最たる例でしょう。

そして、英語の「コーチ」という言葉には「馬車」や「大型バス」といった意味もあります。選手たちをゴールとなる目標に連れていくことこそ、まさにコーチの仕事なのです。

しかしそのためには、会社においてもチームにおいても、管理職やコーチが、「チーム全体の強みを探す技術」を準備のなかで具現化していかなければなりません。

第8章

ファンクション

——ライバルと競い自分を磨く技術

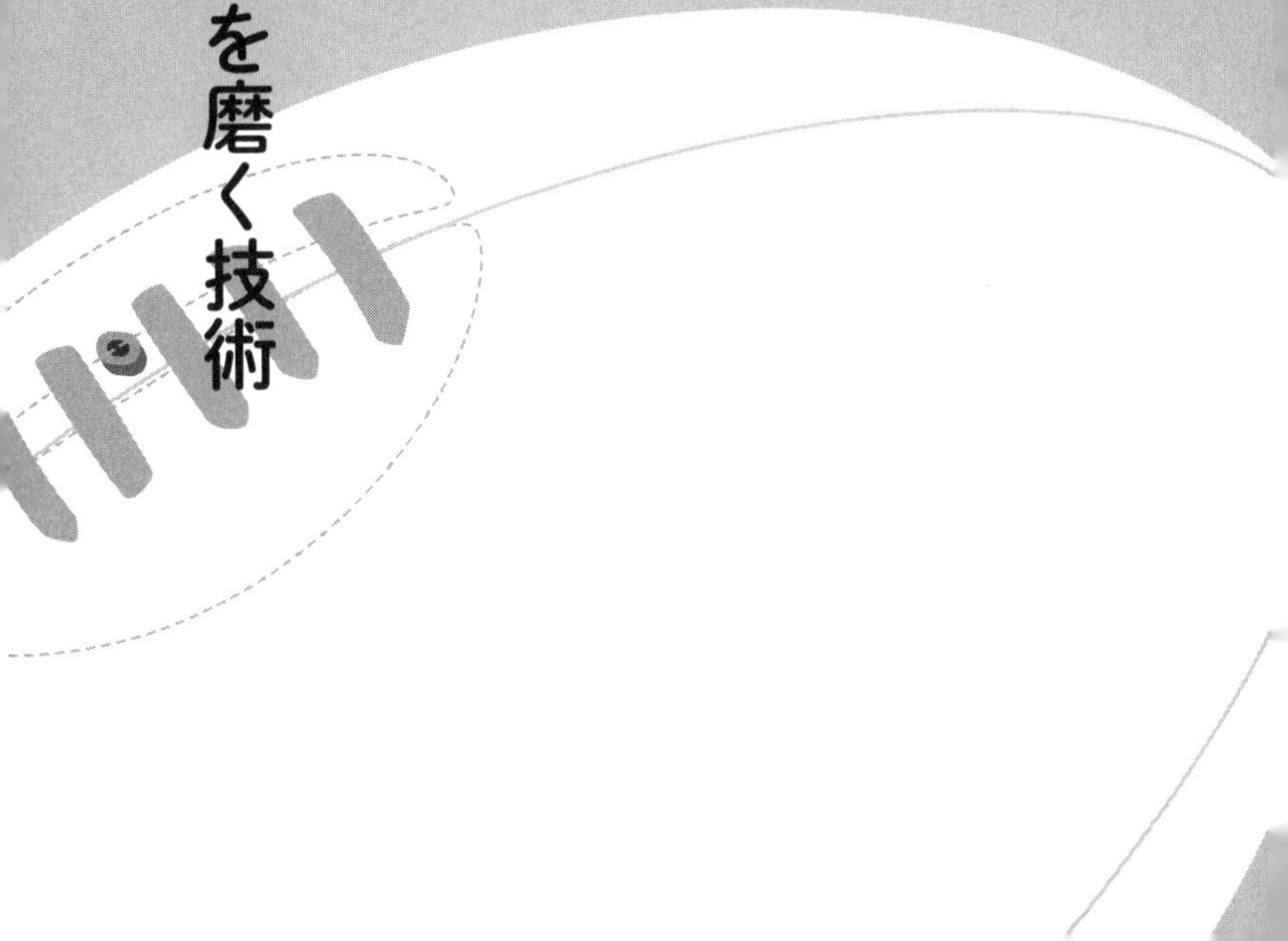

リスペクトし合うからこそ行う儀式

ラグビーでは試合終了後、相手チームも一緒になって、軽食やビールを前に歓談します。これを「ファンクション」といいます。

いつから始まったかは定かではないのですが、ラグビーの母国イギリスでは、試合の主催者側が対戦相手を歓迎する意味で行った、とされています。日本でも、明治期にラグビーが伝来したのと同時に普及しました。このファンクションに出席するのは、選手だけでなく、チームスタッフやレフリーなど、試合に関わったすべての人です。

ファンクションは、選手がシャワーを浴びて着替えを済ませてから始まるので、だいたい試合終了後、一時間から一時間半後になります。会場は、スタジアムであればミーティングルーム、あるいは飲食店を借り切って行う場合もあります。国を代表するテストマッチのあとには、ホテルに移動して、ディナーパーティが催されます。

このとき、先ほどまで体をぶつけ合っていた者同士が何事もなかったかのように肩を組んで酒を酌《く》み交《か》わすことができるのは、相手へのリスペクトがあるからです。試合ではハ

日本代表とアメリカ代表のファンクション

日本代表の1986年イングランド遠征時のファンクション

ードに、しかしフェアに鎬《しのぎ》を削り合う。しかし、こうした厳しい時間を共有した者同士だからこそ、分かち合えるものがあるのです。

体を激しくぶつけ合う競技だからこそのファンクション……まさにノーサイドの精神の神髄だといえましょう。

勝てなくなった神戸製鋼が失ったもの

このような精神性を持つラグビーにとって、ファンクションという儀式は、「原点」ともいえるものでしょう。

そうした原点を守るため、連覇を続ける神戸製鋼ラグビー部が行ったことが、「創造的破壊」です。平尾誠二は、「一度作り上げたものを内側から壊し、新たなチームを作っていく」というスローガンを打ち出しました。この目的に向かい、シーズンごとに、チームに磨きをかけていきました。

こうして創造的破壊を打ち出し、斬新なラグビーを模索するには、当然、新たな発想が必要でした。そこで神戸製鋼は、オーストラリアのラグビーを採り入れることにしたのです。

そのため、当時の現役オーストラリア代表だったイアン・ウィリアムスをチームに招きました。加えてオーストラリアで夏合宿を行ったり、オーストラリア人のコーチを招聘《しょうへい》するなどして、戦術や戦略に磨きをかけていきました。その結果として得たものが、七連覇だったのです。

もちろん、苦しいシーズンがいくつもありました。しかし、三連覇を達成した一九九〇年度の三洋電機戦のような激戦を繰り広げ、名勝負といわれるようなゲームを続けていくうちに、大学ラグビーの有力選手が続々と入部してくれるようになりました。

ただ、どんなにうまくいっているチームであっても、勝利が続くと、そこに「淀《よど》み」が生じます。そして、勝つことを当たり前のように考えることになり、準備を怠るようになります。

もちろん、この淀みを生じさせないためにも、神戸製鋼は創造的破壊を目指したのですが、それでも変わってしまう部分があるのです。

たとえばチームが強くなると、会社は緑の芝生が生《お》い茂《しげ》るグラウンドを造ってくれました。また立派なクラブハウスも完成しました。

私が神戸製鋼に入社した頃は、着替えはプレハブ小屋。そこには古びたパイプ椅子や机が雑然と置かれ、とても全員が一度に着替えられるようなスペースはありませんでした。そのため若手はいつも軒下で着替えていましたし、シャワーだってコンクリートブロックを積み上げて覆《おお》いを作ったものが三基あるだけでした。

それでも勝ちたくて仕方がありませんでした。しかし、当時のことを知らないメンバーも増えていきました。ただ、いくら創造的破壊だなどといっても、そのチームの原点だけは、絶対に変えてはいけないのです。そう、勝ちたいという思い、ラグビーをプレーする純粋な喜び、など……そうしたものを捨て去ってしまってはならないのです。

選手は「自分たちに淀みなどない」と思っていたとしても、周囲の環境が変わっていくと、次第に厚遇すら当たり前だと感じるようになり、結果、感動も失われていきます。

この「感動」こそ、組織を継続的に発展させるキーワードなのです。「感動をなくした民族は滅びる」とさえいわれています。

「知は力なり」といったのはイギリスの哲学者フランシス・ベーコンです。が、私はまったく違うと思います。頭から力が湧いてくることはありません。やはり感動のなかからこそ、力は生まれるのです。

オックスフォード大学のクラブハウスは風格のある建物だ

破壊的創造を続けながら七連覇という偉業を達成……しかし、チームの原点だけは残し続けてきたつもりでした。ただ、メンバーも大幅に入れ替わり、大切な神戸製鋼の原点は、間違いなく失われていったのでした。

八連覇を逃したあと、しばらく優勝できていなかった現役の選手たちに対し、私がその原点を伝えようとしたエピソードは、すでに述べました。どんなに素晴らしい組織であっても、必ず、そこに淀みが生じます。

しかし、そうした淀みに浸かって感動を失った組織であっても、原点にさえ立ち返ることができれば、もう一度、歩みを進めることができる。ただ原点を完全に失った組織は、それまでにどれほどの栄光を積み上げてきたとしても、足元からもろくも崩れ去ります。

ということは、ラグビーという競技全体としても、ファンクションという原点を大切にしていかなければならないということでしょう。

感動を忘れた組織の運命

私にとっての神戸製鋼ラグビー部における原点といえる体験……それは、入社二年目のことでした。

一年目、神戸製鋼は全国社会人大会で、新日鉄釜石に対し三対三七の大敗を喫しました。そのため二年目を迎えるに当たってのミーティングでは、私たち若手が、先輩たちに議論をふっかけました。たとえば、こんな質問をしたのです。

「先輩の方々は、なぜ神戸製鋼でラグビーをしているのですか?」

突然の質問に、皆、ビックリしていました。

当時の神戸製鋼ラグビー部は、関西社会人リーグに所属しながら、なかなか優勝に手が届きませんでした。「ケガをした」「仕事が忙しい」など、さまざまな理由を付けてメンバ

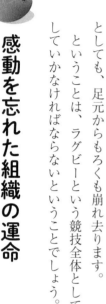

ーが休むため、練習に一五人が揃わないことも日常茶飯事《さはんじ》でした。

その練習は、火曜日から土曜日まで行っていましたが、これも練習のための練習に終始していました。意識も低く、同志社大学や日本代表で高いレベルの練習を経験してきた私は、歯がゆさを感じていました。

また、シーズン中は試合がある日曜日に備え、土曜日から合宿所に泊まっていましたが、その際に何をしていたかといえば、鍋を囲んでビールを飲み、せんべい布団で眠るだけでした。

チームとしての目的意識もバラバラ……しかし私を含めた何人かの若手は、本気で日本一を目指していました。そのため先輩方への「なぜ神戸製鋼でラグビーをしているのですか？」という質問には、普段の溜まりに溜まったフラストレーションが込められていました。

「そやなあ、一回くらいはトヨタに勝ちたいなあ」――この呟《つぶや》きを耳にした私は、ぶち切れました。

「ただ関西社会人リーグで優勝したいから、ラグビーをやっているのですね？　目標はトヨタじゃないし、関西社会人リーグじゃないでしょう？　俺らは日本一になりたいんやないのですか？　俺らは日本一になりたくて、だから、ここに来たんですよ！」――そう、泣きながら絶叫しました。

　すると一瞬の沈黙のあと、皆が「お前のいう通りだ、日本一を目指そうぜ」と叫んでくれました。日本一を目指す――神戸製鋼ラグビー部の原点が確固となった瞬間です。

　そうした出来事を知らないメンバーが増えていったとしても、先述の通り、初めて親にスパイクを買ってもらった日のことは覚えています。だからこそ、うまくいかなくなったときは、原点に回帰すべきなのです。

　現在の日本の大企業の多くも、こうした純粋な喜びを失っているケースが多いのではないでしょうか。世界を舞台に戦っている大企業も、会社立ち上げの頃は、小さな町工場でした。新製品を出荷する喜び、それがヒットした感動、そうした感情を皆が爆発させていた時期があったと思います。

　多くの企業がそうした経験を積み上げ、一九八〇年代、日本経済は頂点を迎えました。株価時価総額のトップ10《テン》に日本の企業が七社も八社も入り、日本企業は世界を席巻《せっけん》しました。それが現在はどうでしょう。多くをアメリカや中国の企業が独占しています。

　日本人は感動で企業を成長させ、世界を代表するような経済を作り上げてきました。その感動を維持し続けるのは難しいとは思いますが、しかし感動を失った組織は滅びるのです。そう、組織は外部からの圧力で崩壊するのではなく、内部から崩壊するのです。

結局、組織の原点を忘れず、感動を維持するためには、本章のサブタイトル「ライバルと競い自分を磨く技術」が必要になります。

日本企業の美点といえますが、近江《おうみ》商人の「三方よし」という言葉が表すように、お客さまと取引先が幸せになって初めて自分も幸福になる、といった「哲学」が組織に浸透しています。ファンクションのような場を意識的に作り、ライバル企業を研究すべきではないでしょうか。

しかも、友好的な形で、世界経済のために……これこそ、まさにラグビーの「ONE FOR ALL, ALL FOR ONE」の精神です。

神ではなく人間こそが無限の領域を持つ理由

ここまで述べてきた感動、これこそが、エネルギーの源泉です。どう考えるかではなくて、どう感じるかが大切なのです。

感動する人間は、文字通り「感じるから動く」わけです。そして人生は、「感じたあとに何をするか」で決まります。そのスタートは、「何に対して、どのようにときめいたか」です。

何事にも興味が湧かないし、ワクワクやドキドキすることもない……これでは、人間は、物欲に搦《から》め捕られるだけです。すなわち、ただのモノとして堕落《だらく》する。こうして感性を鈍《にぶ》らせてしまったら、生きること、そのこと自体が鈍くなってしまうのです。

ゼロから始めて頂点にたどり着く――それが難しいのは、頂点を極められるという自信が持てないからでしょう。であれば、まず頂点まで上り詰めるルートをきちんと示すのが、リーダーの役割です。

ただ、頂点を極めることのできた人間も、勝つための方法を知ってはいても、環境が変わると共に慢心することがあります。企業であれば、新たな予算も付き、待遇も良くなるので、現状を維持しようとしがちになります。するとチャレンジしなくなり、ここにまた淀みが生じます。

成功したとしても、驕《おご》り高ぶったり、傲慢《ごうまん》になったりして、晩節を汚す人はたくさんいます。人間は進歩もするし後退もする……しかし、だからこそ人間には無限の可能性があるのです。

この可能性という点について、神、動物、人間に関して考えてみましょう。まず神は、そもそも「絶対」の領域におり、そこから動くことはできません。一方、動物は自分を超えた存在があることを知りません。ということは、可能性にすら気づくことができないのです。そして、人間だけが神という言葉を作り、自分を超えた存在を認識しました。するると、神も動物も、いまの自らの位置から動けない。そうしたなかで、人間だけが無限の領域を持つということになるのです。

そのため人間は、自分をどこまでも高めていくこともできますし、逆に堕落することもできます。試練に直面したとき、それに真正面から向き合っていくこともできるし、さっさと背中を向けて逃げることもできます。

これらの選択によって、その後の人生は大きく変わります。毎年、挑戦する気持ちを維持していくことができれば、人間はどこまでも成長し、無限の領域のなかを上昇し続けることができるといえましょう。

そして、そのとき必要になるのが前述の「創造的破壊」と「原点回帰」です。これらを意識していたはずの神戸製鋼ラグビー部の連覇は、阪神・淡路大震災と時を同じくするように止まりました。そうなる予兆は、実は初優勝の歓喜のなかにも存在したのかもしれません。

であればこそ、各年の優勝時のファンクションで相手チームからも学び、「ライバルと競い自分を磨く技術」を獲得しなければならなかったのでしょう。

ファンクションで学んだのは相手チームの理念

ここまで述べてきた通り、企業やチームが頂点にたどり着いたときには、そこまでの過程を知らない人が増えていきます。そのため、スタート時の原点から強くなっていった過程を、メンバー全員で共有することが大切になるのです。

そういう意味でも、「理念」こそが経営戦略の核となるべきでしょう。

日本には一〇〇年以上続く老舗《しにせ》企業がたくさんあります。帝国データバンクなどの資料をもとに推計すると、世界で二〇〇年以上続く企業のうち六五パーセントが日本に存在するそうです。このように長く続いている企業の多くが、そのノウハウではなく、理念を大切にした経営を行っています。

オックスフォード大学のクラブハウスにおけるファンクション

先に「本学」「末学」の説明をしましたが、「末学」のノウハウではなく、「本学」に当たる理念の部分を大切にする企業こそ、永続的な発展を遂げるのだと確信します。

私は数多くのファンクションに参加してみて、こうした理念も、相手チームから学び取ることができると感じてきました。特に試合に敗れたときには、相手チームの戦術やスキルではなく、そのチームビルディングの哲学、すなわち理念を見極めようとしたものです。

企業の規模やチームの連覇などというものは、あくまで結果に過ぎません。そこにばかりフォーカスを当ててしまうと、本質たる理念が疎《おろそ》かになります。すると管理体制ばかりが強化され、組織内が硬直化していきます。

しかし、硬直化した組織に感動が生まれるべくもない。リーダーが「新しいビジョンを描こう」と社員を鼓舞したところで、挑戦することのできる企業風土は失われています。すなわち、リーダーの掛け声だけが空言《くうげん》として聞こえてくるだけになります。

繰り返しますが、企業やチームの全員が、立ち返るべき原点を共有していなければなりません。それこそが理念です。そして、この理念をもとに主体的に挑戦し続ける社員が次々と生まれる仕組みを作れば、その企業は永続していくことができるのです。

徳川家康の部下マネジメント術

私の知人に倉庫会社の社長がおられます。この方は一度、脳出血を起こし、その際、「自分の次、そのまた次へと続く世代に、企業の理念が受け継がれる仕組みを作り、一〇〇年企業にしたい」と考えました。

そこで、まずは歴史から学ぼうということになり、戦国時代の武将、すなわち織田《おだ》信《のぶ》長《なが》、豊臣秀吉《とよとみひでよし》、徳川家康《とくがわいえやす》の功績を調べたのだそうです。すると、結論は以下のようなものになりました。

「戦《いくさ》に一番強かったのは織田信長かもしれない。そして最も出世したのは豊臣秀吉かもしれない。ただ、織田政権は一代限り、豊臣政権は息子の代で終わってしまった。三〇〇年弱続く幕府を作り上げた徳川家康は、仕組みを作り上げることに長《た》けていた」

　徳川家康は祖父と父親が殺され、幼少の頃から人質生活を送りました。「桶狭間《おけはざま》の戦い」をきっかけに独立はしたものの、信長の命令で妻と長男を殺害しなければならないといった理不尽《りふじん》な仕打ちも受けています。

　そんな境遇にあったせいか、家康は部下を徹底的に大事にします。そして、以下のような言葉を残しています。

「愚かなことをいう者があっても、最後まで聴いてやるのだ。そうでなければ、聴くに値することをいう者まで口を閉じる」

　部下が意見を述べたとき、リーダーがそれを言下《げんか》に否定してしまえば、ほかの部下は萎《い》縮《しゅく》してしまいます。そうなると、有能な部下のアイデアの芽さえも摘んでしまうことになるでしょう。そう考えた家康は、それがどんなにくだらない意見であっても、辛抱《しんぼう》強《づよ》く部下の話を聞いたのです。

信長も秀吉も、その強力なリーダーシップによって、時代を変えたことに間違いはありません。が、部下のマネジメントという点では、家康には敵《かな》いませんでした。

そのマネジメントの集大成が、徳川幕府における大名の配置の仕方。三河《みかわ》時代から苦労を共にしてきた部下は「譜代《ふだい》大名」とし、領地は小さいものの、江戸や大坂といった大都市の周辺や経済の中心地、あるいは交通の要衝に配置していきました。

一方で「関ヶ原の戦い」以降に味方になった大名は「外様《とざま》大名」として、領土は大きいものの、辺境の地に配置しました。幕政に参画できるのは古参の部下だけとし、同じ部下にも差を付けたのです。

これは、信長が中途採用の社員を次々と抜擢《ばってき》する一方、結果を出せない古参の社員を放逐し、最後は中途採用のエースである明智光秀《あけちみつひで》に裏切られることになったのとは正反対です。これが徳川家康の部下マネジメントの要諦でした。

現在でも、中途採用の社員を雇用する際には、その役職や待遇などに一定の配慮をしなければ、古参の社員の不満が募ります。家康は古参の部下を大切にする方向性を「譜代大名」と「外様大名」という形で仕組み化し、その後の長期政権の土台を築き上げていったのです。

結局、企業にしろスポーツチームにしろ、あるいは幕府にしろ、大切なのは組織が「生きている」ことなのです。生きている組織には「魂」が込められている。その魂こそが理念なのです。

全員を納得させる仕事をすると

人間の評価とは、基本的に、周囲が行うものです。もし組織に属しているのであれば、組織による評価によって自分のポジションが決定されます。ラグビー選手の場合、その評価は、チーム首脳陣やチームメイトによるものですが、スタジアムに来てくださる観客からも評価されるといえましょう。

神戸製鋼が六連覇を達成したシーズンでした。長年のあいだ酷使し続けた私の膝は悪化の一途をたどり、水が溜まっては抜くということを繰り返していました。

このとき、チームの合同練習から離れて独自に調整すれば、いくらでもベストコンディションを作れました。が、当時のチーム方針もあり、膝に負担のかかるフィットネストレーニングを休むことはできませんでした。また、前シーズンに外国人選手がロックとして加入したこともあり、私は試合に出たい一心で、無理をしながらグラウンドに立ち続けました。

　すると、水を抜く回数は週に一回から二回に増え、シーズン最後の二週間は、週に三回抜いてプレーを続けることになりました。そうなると、水を抜いても膝が真っすぐに伸びなくなり、医師からは「このままでは、引退後の日常生活にも差し支えますよ」と宣告されました。

　この全国社会人大会では、一回戦、二回戦、準決勝と勝ち進み、決勝戦の相手は宿命のライバル、三洋電機でした。私はそこまですべての試合に出場していましたが、その決勝戦にロックとして出場したのは大八木淳史とマーク・イーガンで、試合出場メンバーに私の名前はありませんでした。

　この日、花園ラグビー場は超満員でした。私は防寒のためにウインドブレーカーを着込み、ベンチから試合を見守っていました。すると頭部から出血した大八木に代わるため、突然、私に出番が回ってきました。

　ウインドブレーカーを脱ぎ捨て、トレードマークのヘッドキャップを着け、グラウンドに立つ……なんということか、その日一番の大歓声が私を迎えてくれました。男冥利《おとこみょうり》に尽きるとは、このことでしょう。

無心に走り、タックルに入る……そうこうしているうちに、大八木が治療を終えて戦列に復帰しました。出場時間は三分ほどだったと思います。私はベンチとは反対側にあるバックスタンド前のサイドラインをまたいで、グラウンドの外に出ました。

そうしてグラウンドをゆっくりと回り、メインスタンドにあるベンチに戻ろうとした、そのときのことです。近くのスタンドから大きな拍手が湧き上がりました。

「林さん、ありがとう」「お疲れさま」――私が歩いていくと、周辺から拍手や歓声が湧き起こります。どうしたのだろう……私は不思議な気持ちのまま、グラウンドを回って、ベンチに戻りました。

試合は、一八対三で勝利しました。ノーサイドになり、ロッカールームで着替えをしているとき、ある先輩が近づいてきました。そして、「君の姿は美しかったよ」と一言、告げました。

一瞬、「何をいうてんねん」と思いました。普段は決して、そんな気障《きざ》なことを口にしない先輩だったからです。しかし、その真剣なまなざしに接し、数秒後、私の目からは涙がこぼれ落ちました。おそらく、先輩も観客もチームメイトも、全員を納得させる仕事が果たせたのだと思います。

その場所はロッカールームでしたが、ファンクションのときと同様、「ライバルと競い自分を磨く技術」の要諦を教えてもらったような気がしました。

観客が後押しするノーサイドの精神

こうした私の経験を踏まえて述べると、ラグビーは、選手、レフリー、観客が一体となって、スタジアムという空間で成立させる「芸術」かもしれません。

たとえば、トライ後のコンバージョンキックを蹴るときなど、スタジアム全体が静寂《せいじゃく》に包まれます。そのチームを応援していようがいまいが、キックの瞬間は騒がない。このことを観客も熟知しているからこその静寂なのです。

試合当日のスタジアムには、ラグビーならではの、独特の雰囲気があります。もちろん選手は、試合の準備を怠りません。授けられたジャージをたたみ、スパイクの紐を新しいものに替え、前日から、試合に入るときの気持ちを準備します。

そして当日、ロッカールームで、「前後際断」して非日常に浸る。相手と激しく、しかしフェアにやり合い、ノーサイドになったら握手する。だからこそ、ファンクションで敵味方関係なく肩を組み、酒を酌み交わして、交流を深めることができるのです。

ということは、ノーサイドの精神は、観客の皆さんから後押しされているのかもしれません。

観客もスタジアムに到着したら、応援するチームのジャージを着て、ファンゾーンでビールを飲んで盛り上がります。試合が始まれば、応援しているチームだろうとなかろうと、素晴らしいプレーには拍手を送ります。

そして試合が終われば、今度はパブなどで、両チームのファンが入り交じってラグビー談議に花を咲かせる……こうして夜も更《ふ》けて帰宅し、翌日から始まる日常に戻る、それがラグビーファンです。

そのためか、事実として、これまでファン同士のケンカや暴動などは、ラグビーの試合では起こりませんでした。ヨーロッパや南米のサッカーの試合で往々にして起こる現象は、皆無といって良いのです。ラグビーの良さを伝え続けていくためにも、こうしたマナーを失ってはいけないと思います。

そのためかどうか、日本でワールドカップを開催するに当たり、ラグビー文化の素晴らしさを伝えようと、ラグビー経験者が一丸となってパスを回し続けました。日本大会の成功は、選手や日本ラグビーフットボール協会の頑張りもありますが、陰で支えたラグビー経験者の貢献も大きかったのだと思います。

そして、この「陰で支えたラグビー経験者」たちは皆、ファンクションに参加した経験があるのです。

ファンクションにレフリーが参加する意義

ラグビーでは、レフリーの位置づけが、ほかのスポーツとは大きく異なります。先述の通り、試合の主催チームが開くファンクションには、相手チームだけでなく、試合をアレンジした協会関係者やレフリーも招かれます。

ほかのスポーツでは、レフリーとは、反則のジャッジをするだけの人、というイメージがあると思います。しかし日本ラグビーフットボール協会のレフリング指針には、「ダイナミックで、激しく、そして継続性のある感動的なプレーを創出できるよう、安全性、公正さ、一貫性を重視したレフリングに努める」と盛り込まれています。すなわち、選手と共に素晴らしい試合を作り出すための存在なのです。

ラグビーのルールについては、レフリーによって、その解釈に幅があります。しかし選手や監督にとって大事なことは、レフリーとの対立ではなく、癖を見抜き、その解釈にチームを適応させることなのです。

二〇一五年のラグビーワールドカップで南アフリカを破ったヘッドコーチのエディー・ジョーンズは、日本の低いスクラムを理解してもらうため、南アフリカ戦の笛を吹くレフリーを、日本での合宿に呼び寄せたほどです。

そもそもラグビーが始まった頃、レフリーは存在していませんでした。当初、ラグビーは、イングランドのパブリックスクール（私立学校）でカリキュラムに採り入れられ、寮の対抗戦として試合が行われることになり、一〇〇人とか八〇人といった多人数で試合をしていたようで、映画『ハリー・ポッター』にも、そのようなシーンがありました。

当時、試合中に反則があれば、キャプテン同士で話をつけていました。ラグビーが「キャプテンシー」のゲームと呼ばれる所以《ゆえん》です。

ところが白熱しすぎて、話がまとまらないケースが出てきました。そこで誰かに判断してもらおうということになり、タッチラインの外にいた人に依頼……それが、ラグビーのレフリーの始まりです。

そのためラグビーでは、「この人に試合を託しましょう」とお願いして始まった歴史から、「レフリングに文句はいわない」という不文律が生まれました。たとえば私の経験した大学の定期戦では、レフリーを誰にお願いするのか、両チームで話し合って決めていたほどです。

すなわち、こうしたことが、ファンクションでの「化学反応」に寄与するのだと思います。というのもレフリーは、往々にして、戦い合った二つのチームの戦術から本書の主題となる理念に至るまで、蘊蓄《うんちく》のある分析を語ってくれるからです。

グラウンドにある「作ることのできない世界」

さて、近年のラグビーは、ワールドカップの存在もあり、勝ち負けが大きな意味を持つようになりました。ビデオレフリーなど、新たな取り組みも行われています。ただ、ラグビーのスポーツとしての精神性、レフリーの神聖性などといった部分は、いつまでも大切にしてほしいものです。

ラグビーでは、ルールとレフリングのもと、命懸けで戦います。フェアにハードに、持っている力を出しきる。そして、体と体がぶつかり合うスポーツだからこそ、ダーティなプレーは忌避《きひ》されます。

こうして命懸けでやり合い、フルタイムを迎える、これがノーサイド……味方と敵の境界線がなくなり、命懸けで戦った者同士、握手して健闘を讃《たた》え合います。

そうしてファンクションでは、チーム同士の交流を深め、選手たちは肩を組んで酒を酌《く》み交《か》わす。この精神をなくしたら、ラグビーはラグビーでなくなってしまうのです。

このように、ラグビーは「非日常」に浸りきるもの。私自身、ラグビーに浸りきったからこそ、とめどもなく涙があふれるような瞬間を、何度も体験させてもらいました。

人間にとっての真実は、それほど人生のなかに転《ころ》がってはいません。それを作ることもできません。そう考えれば、死ぬことと母親から生まれてくることぐらいしか、真実は存在しないのかもしれません。

しかし「作ることのできない世界」が、グラウンドのなかにはありました。グラウンドで泣いている私を観て観客はどう思うのか、などと思ったことは、一度もありません。他人に観せる自分ではなく、飾らずに浸りきる自分が、グラウンドのなかにいました。そして、もちろんファンクションの場にも――。

社長にラグビー経験者が多い理由

スポーツには、それぞれ素晴らしい特徴があります。が、世界で一番か二番を争う参加者の多いボールゲームたるラグビーは、多様性にも富んだスポーツです。

まず、ルールの縛りが少ない。それゆえ、人間の素の部分を出しながら、総合力で戦うことができます。だからこそ、フェアにハードに、戦術や戦略を駆使して、組織として戦うのです。

こうした特徴のあるスポーツだからこそ、企業のトップには、ラグビー経験者が多いのではないでしょうか。

イングランドのパブリックスクールでも名門とされる「ザ・ナイン」で始まったラグビー……そこは、多様性を重視しながら、主体性を持って行動する独特のリーダーシップを学ぶ場だったのです。

イングランドの良家の子弟は、もともとは教会の学校で、あるいは家庭教師から学んでいたわけですが、「そうしたものとは違った教育を」という要望から、パブリックスクールが生まれました。

そのパブリックスクールでは、ギリシャ語やラテン語の古典、あるいは数学のほか、スポーツもカリキュラムとして組まれました。ボート、クリケット、そしてラグビーといった、集団競技が選ばれたのです。

つまり、ラグビーは教育として始まったわけです。

そして、「ザ・ナイン」で選ばれた人間がオックスフォード大学やケンブリッジ大学に進学するのですが、この二校のメジャースポーツが、ボート、クリケット、そしてラグビーの三種目なのでした。

オックスフォード大学やケンブリッジ大学で学び、このスポーツ三種目で両校の対抗戦に出場することが、イングランドにおける文武両道の価値観として、一種のステイタスとされました。もちろん、現在でもレスペクトされるステイタスです。

この両校の代表として対抗戦に出場すると、「ブルー」という称号が与えられます。オックスフォード大学はダークブルー、ケンブリッジ大学はライトブルー、お互いのスクールカラーから、この名称が付けられました。

そして、この称号を与えられると、スクールカラーの代表ブレザーやセーターを身に着けることができるという、特別な栄誉が与えられるのです。

日本のラグビーは、明治時代、慶應義塾大学で始まりました。そうして早稲田大学、明治大学、東京大学に、関西では同志社大学や京都大学に広まります。

スポーツをする環境が整っていない時代、これらの大学は、ラグビーを通じてイングランドのリーダー教育を採り入れました。そして学生たちは、勉強をしつつラグビーに打ち込みました。

近代日本が幕を開けた頃の時代なので、大学生の人数も多くはありません。しかし、まさに日本のエリートと呼ばれる人たちがラグビーを通じてリーダーシップを学び、社会に散らばっていったのです。

そして、イングランドでリーダー教育としてパブリックスクールに導入されたラグビーは、日本に入ってくると、そこで母国にはなかった意味や価値を持ち始めました。たとえば、「ONE FOR ALL, ALL FOR ONE」や「ノーサイド」の精神です。先に触れた通り、こうした言葉は海外ではあまり使われておらず、日本で独自に発展したラグビー文化なのです。

島国である日本は、海外から入ってきたものを蓄積して、自分たちの文化に合ったものにバージョンアップすることを得意としてきました。二〇一九年のラグビーワールドカップ日本大会では、明治の頃に日本に入ってきたラグビーが、その後いかに進化を遂げたのか、それを世界にアピールすることができました。

この大会では、日本が独自にラグビーを進化させたからこそ、その出来映《できば》えに世界中の選手が感動し、そして敬意を表し、だから多くの選手が観客席に向かって深々とお辞儀をしたのではないでしょうか。

実際には、観客席に向かいお辞儀をし始めたのは、世界最強のニュージーランド代表オールブラックスでした。その後、ほかの多くのチームもオールブラックスに倣《なら》い、お辞儀を始めました。

オールブラックスのキャプテンだったキアラン・リードは、インタビューのなかで、以下のように述べています（「THE ANSWER」より）。

「日本の人たちと、できる限り緊密につながることが、僕たちにとってとても重要なことなのです。皆さんがオールブラックスを愛していることを知っています。皆さんからの愛を少しでも返したい。我々はそれを示す必要があるのです」

ラグビーの母国、イギリスの日刊紙『ガーディアン』も、正しいお辞儀の仕方を解説しています。

「首と背中を真っすぐに保つ。視線を下に、両手は脇に。腰を四五度ぐらいまで曲げること」

海外にはお辞儀文化は存在しません。日本で独自の進化を遂げたラグビー文化と共に、日本の伝統に対しても敬意を表してくれたことが分かります。

こうした海外チームの振る舞いは日本人の心にも響きましたが、それはファンクションのような素晴らしいラグビー文化が、日本人の琴線《きんせん》に触れ続けてきたからなのだと思います。

あとがき――コロナ禍が教えたチームの本質

二〇一九年一二月に中国・武漢《ぶかん》市で確認された新型コロナウイルス感染症……交通インフラの整備やインターネット社会の拡大で世界は狭くなり、人々の交流が進んだ一方で、そんな社会をあざ笑うかのように、コロナ禍は世界中に広がっていきました。

このコロナ禍では、人々のさまざまな行動が制限され、その行動範囲は大きく狭《せば》められることになりました。

しかし、こうして行動範囲が狭められた結果、足元の大切なものが輝き始め、見落としていたことの多さに気が付いた人も多かったのではないでしょうか。

自分自身や家族、住んでいる地域、自分の会社や同僚……足元でおざなりにしていたものを再確認する時間が生まれたのです。そうした状況下で自分がどういう役割を果たしていくのか？　コロナ禍によって改めて見つめ直す機会が生じたのだと思います。

一方では、これまで世界を広げていく牽引役《けんいんやく》だった企業も、そのあり方を見直す時期に入ったのだと思います。実際、リモートワークやワーケーションなど、多様な働き方を導入する企業も増えています。また、複数の仕事を行う「複業」という考え方も生まれ、企業の「ために」働くのではなく、企業と「共に」働こうという人が増えてきました。

この「共に」という発想は、日本人がもともと得意としていた考え方です。

日本では縄文時代に、平和な時期が一万年以上続いたといわれています。ところが弥生時代になり、水稲《すいとう》栽培の技術が広まりました。すると人々が土地に縛り付けられるようになって、富が蓄えられる社会になると、争いが始まりました。こうした争いのなかで矢に当たって死んだ人の骨なども、遺跡から出土するそうです。

縄文時代には、人と人、そして人と自然が、共生していました。日本人が自然のなかに魂を感じるようになったのも、この時代からの流れではないかと思います。

私も子どもの頃、イタズラをすると、「お天道《てんとう》さまが見ていますよ」とか、「そんなことしたらバチが当たるよ」などといわれたものです。日本人は、山や森、そして川や海といった大自然の恵みを受けつつ形成された民族。そうしたものに魂の存在を感じ取る民族なのです。

地球の人口が爆発的に増え、食料危機や環境汚染などの問題が山積する現在、日本人がアイデンティティとして持つ自然と人との共生……この発想こそが求められています。

　徳川家康が開いた江戸時代の日本は、技術力もあり、識字率も世界一であり、厠《かわや》から人《じん》糞《ぷん》を回収して肥料にするなど環境面でも優れた先進国でした。関ヶ原の戦い、大坂冬の陣・夏の陣を経て権力を掌握《しょうあく》した家康には、長く続いた戦国時代を経て、「二度と戦《いくさ》を起こしてはいけない」という理念がありました。それを江戸幕府の仕組みに落とし込んでいったのです。

　こうした「戦のない世の中と共に」という理念に日本人が価値を感じたからこそ、三〇〇年弱も続く盤石《ばんじゃく》な体制が完成したのでしょう。先述の通りリサイクルの仕組みも秀逸《しゅういつ》で、自然との共生という意味でも、世界でトップクラスだったといわれています。

オックスフォード大学のクラブハウスの前で

　企業にも同じことがいえます。世界中に社会的課題があふれる昨今、企業のためになることばかりをしていれば、人々はその企業の商品やサービスに価値を見出せなくなります。「共に」つまり利他であることが、いまを生きる人々に価値を提供し、その企業を永続的なものにするのです。

自然や人との共生という意味では、日本で独自に発展したラグビーの精神性を示す「ONE FOR ALL, ALL FOR ONE」も、まさにそれをいい表す言葉。「一人はみんなのために、みんなは一人のために」と訳しますが、一言でいえば「和」を意味します。

この「和」は、聖徳太子《しょうとくたいし》が「和を以《もっ》て貴しとなす」という言葉を「十七条憲法」の第一条に定めているように、日本人をうまく表現した言葉です。しかも、人と人が和していくだけではなく、人と動物も、人と大自然も和していく、ということなのです。

強い力に対しては強い反作用が生まれますが、「和《やわ》らぎ」の力に対しては反作用は起きない。たとえば森林を伐採し、そこに巨大な盛り土をして地形を変えてしまえば、大雨に際して土石流が生じるなど、激甚《げきじん》災害という反作用につながります。

しかし人と自然が和するように、それまでの地形を活かす開発を行えば、自然が人間を守ってくれるような街づくりをすることも可能です。

一時期、「グローバルスタンダード」という言葉が日本中に跋扈《ばっこ》しましたが、これはスタンダードを作った人たちにとってだけ都合の良い概念であり、私は好きではありませんでした。日本人が培《つちか》ってきた「和」という概念こそ、グローバルスタンダードをはるかに凌駕《りょうが》するものだと思っています。

二〇〇〇年代に入り、「ヒト」「モノ」「サービス」「資本」が、国を超えて世界中を駆け巡るグローバリゼーションの加速度が増していきました。しかし、こうした流れも、新型コロナウイルス感染症の世界的な蔓延《まんえん》で、急速にしぼみました。企業人であれば、自社が社会と共に歩んでいくために何をすべきかを思考し、原点に立ち返るときだと思います。

そしてコロナ禍が過ぎ去っても、地球が抱える環境問題や人口問題、そして食料問題といった世界的な課題は、解決されません。市井《しせい》の人々も、それぞれ一番小さな圏域から、「ために」から「共に」の発想で生活を見つめ直す。それができれば、持続可能な社会環境を再構築し、人類の永続的な発展につなげることができるでしょう。

そして最近、「SDGs（持続可能な開発目標）」を意識する人が増えましたが、それは危機感を抱く人が多くなった結果だと思います。そのときキーワードとなるのは、ここまで述べてきた「和」なのです。

私が企画・運営している小学生ラグビーの全国大会「ヒーローズカップ」は、子どもの頃から、「ONE FOR ALL, ALL FOR ONE」や「ノーサイドの精神」を体験してほしいという思いで始めました。まさに「和」の精神です。

ラグビーを始めたばかりの子どもは、ボールを持って走るのが面白いので、パスをすることができません。つまり、自分のためだけにラグビーをしているのです。ただ、それだけでは勝てないことが分かってくると、仲間にパスをするようになります。

かつて「ヒーローズカップ」で、京都と大阪のチームが決勝を戦ったことがあります。この白熱した一戦では、ワントライで逆転するという攻防が続き、もう少しで大阪の子が逆転トライかという場面では、京都の子がインゴール前ギリギリで強烈なタックルを放つ、といった熱戦となりました。

試合は僅差《きんさ》で京都が勝利しましたが、その感動的なノーサイドのあと、両チームのコーチ同士で挨拶《あいさつ》を交わしました。すると、それぞれのコーチの目には涙があふれています。目と目が合った瞬間、たまらなくなって抱き合ったのです。

そして、グラウンドから戻ってくる子どもたちに対し、関係者は敵味方関係なく「よく頑張ったな」と、頭を撫で回していました。

仲間にパスができるようになり、チーム全体で勝利を目指すことができるようになった子どもたち……彼ら彼女らは、勝敗を超えて、それまで敵と味方を分けていた一線が消える瞬間を経験します。これこそが、すなわちノーサイドの精神であり、「和すること」を体験した、ということなのです。

「孝行したいときには親はなし」という言葉があります。ゆえに、縁者ではなくとも、恩を受けたことがない人に対し、自分が受けてきた恩と同量を返してあげるという「恩送り」の思想が非常に重要になります。

私はラグビーを通じ、たくさんの人から、さまざまな恩を賜りました。しかし、私が直接、恩返しをすることができない人もいます。その方々には、小学生ラグビーの全国大会「ヒーローズカップ」という形で、恩返ししたいと思います。


コロナ禍でこそ「ために」から「共に」への発想の転換が必要だ、と述べました。ただ人間は楽な方向に流される生き物であるため、すぐに私利私欲に走ろうとします。しかし、これでは永続的な発展は望めません。企業にしろ国家にしろ、利他の精神で努力し続けるしか、永続的な発展の道はありません。

そして利他で努力し続ける道、これこそが「ONE FOR ALL, ALL FOR ONE」です。

利他であることがチームや企業を永続させる

そこにたどり着くのはとても難しいことではあるのですが、まず、そこを目指すことから始めなければなりません。

「誰かのために何かをしよう」という善意に満ちた組織風土こそが、間違いなく、素晴らしい結果を生み出すのです。

「和を以て貴しとなす」をアイデンティティとした日本で、一〇〇年以上続く企業が数多く存在し、そうした企業の多くが「利他」を理念として掲げていることからも、それは明らかです。

当然、組織やチームが目指すものも「和」――。

ラグビーワールドカップ日本大会で、日本代表チームは「ワンチーム」という理念を掲げました。「ONE ROR ALL, ALL FOR ONE」も「ワンチーム」も、目指すところは同じ「和」です。

ただ、組織に所属する人のなかには、私利私欲のままに生きる人もいます。こうした人が組織内で評価されていることもあるでしょう。すると、その人と一緒に働きながら、自分だけが「利他」の精神で生きようとするには勇気が必要であり、葛藤《かっとう》を抱えることにもなると思います。

――それでも、誰かが「利他」で生きなければ、組織が変わることはありません。

もしも一つの壁を乗り越えるときに、「ために」から「共に」で前に進むことができれば、組織は大きく変わる。それは、私がラグビーを通じて学んできたことでもあります。

そして、組織のメンバーが「利他」でいることを肯定できる組織を作るためには、リーダーが掲げる理念が不可欠です。数多くのリーダーが、その原理原則に気づくことができれば、間違いなく世界は良い方向に進んでいき、「常勝のワンチーム」が生まれます。

二〇二一年秋　収束しつつあるコロナ禍のもと

林《はやし》　敏之《としゆき》

著者　林 敏之（はやし・としゆき）
1960年、徳島県に生まれる。13歳からラグビーを始め、徳島県立城北高校、同志社大学を経て、神戸製鋼所に入社。神戸製鋼ラグビー部では中心メンバーとして7連覇の偉業を達成する。また、ラグビー日本代表を13年間務め、その間、第1回・第2回ラグビーワールドカップに出場。同志社大学、神戸製鋼、日本代表では、キャプテンを務める。また、1989年から留学したイギリスのオックスフォード大学ではケンブリッジ大学との定期戦にも出場し、いわゆる「ブルー」の称号を得たあと、120年の歴史を持つ「オックスフォード大学歴代ベスト15」に、海外出身者として初めて選出される。NPO法人ヒーローズ理事長、株式会社MARUプロ代表、株式会社ヒガシ21顧問、東京エムケイ株式会社取締役。感動人生を歩むHEROを数多く育成し、世に輩出することを使命として活動している。

常勝《じょうしょう》のワンチームを作《つく》る8《やっ》つのステップ

2021年11月12日　第1刷発行
2021年12月16日　第3刷発行

著　者　　林 敏之
装　幀　　川島 進
カバー写真　乾 晋也
本文写真提供　林 敏之
発行人　　間渕 隆
発行所　　株式会社白秋社
〒102-0072
東京都千代田区飯田橋4-4-8 朝日ビル5階
電話　03-5357-1701
発売元　　株式会社星雲社（共同出版社・流通責任出版社）
〒112-0005
東京都文京区水道1-3-30
電話　03-3868-3275／FAX　03-3868-6588
本文組版　朝日メディアインターナショナル株式会社
印刷・製本　モリモト印刷株式会社
校正者　　得丸知子

ISBN 978-4-434-29619-2